Milor Books

Impressum

Besuchen Sie uns im Internet:

1 Auflage 2016

Milor Books
Copyright by Anastasia Milor
Originalausgabe 2016

Alle Rechte vorbehalten. Das Werk darf – auch teilweise – nur mit
Genehmigung der Autorin wiedergegeben werden.

Herstellung und Verlag:
BoD - Books on Demand, Norderstedt
ISBN 978-3-7412-9359-7

Die Autorin

Anastasia Milor, geboren 1969 in Hamm, Mutter eines Sohnes, verheiratet. Schreibt Frauenliteratur, Kinderbücher, Psychothriller, Fachbücher.

Anastasia Milor

Jeder braucht ne fette Freundin

Milor Books

Prolog

Gibt es sie wirklich, die beste Freundin? Natürlich gibt es sie! Und je mehr sich die Freundin von uns unterscheidet, desto „besser" kann sie werden. Dieses Buch richtet sich an all diejenigen, die sich schon immer gefragt haben:

„Sind wir als Freundinnen gleichwertig anzusehen, oder freue ich mich nicht heimlich im Inneren, wenn ich merke, bei anderen Menschen ein Stück weit besser anzukommen?"

Diejenigen von Euch, die jetzt schon pikiert die Augen verdrehen, sollten dieses Buch zur Seite legen. Besser wird es nicht, im Gegenteil. Ich nehme Frauenfreundschaften auf sehr sarkastische und offene Art unter die Lupe, spreche unschöne Gedanken und Ängste aus und pule ganz tief in euren Wunden. Es werden Worte wie: FETT, SPECKIG, HÄSSLICH, SCHWABBELIG, fallen. Solltet ihr zartbesaitet sein, oder euch durch diese Ausdrücke auf den Schlips getreten fühlen, ändert besser eure Tagesplanung.

Es hätte sicherlich nettere Synonyme als Bezeichnung der oben aufgeführten Körperfüllen gegeben, jedoch habe ich in diesem Buch bewusst darauf verzichtet. Ich stelle die Dinge absichtlich überzogen dar, habe mich um einige Kilos dicker gemacht als ich bin, um auf bestimmte Problematiken aufmerksam zu machen. Da ich aber niemanden vorsätzlich verletzen möchte, weise ich im Prolog auf die zum Teil derbe Schreibweise hin. Mir ist sehr wohl bewusst, dass nur wenige Frauen so sind, wie hier beschrieben. Und doch gibt es sie. Die Ziegen, die Zicken, die Neidvollen und Gehässigen, die Hinterlistigen. Es gibt sie überall, an jedem Ort, mehr oder weniger stark ausgeprägt. Haltet eure Augen auf.

Vielleicht wird nach dem Lesen die eine oder andere Freundschaft neu überdacht, vielleicht lehnt ihr euch aber auch entspannt zurück und sagt: Nein, ich bin eine wirklich gute, Freundin!

***

Freunde

Stellen wir uns als Erstes die Frage, was genau ist Freundschaft eigentlich. Was beinhaltet sie, was sollte sie im Idealfall für Vorraussetzungen erfüllen.

Wikipedia sagt:

„Freundschaft ist ein auf gegenseitige Zuneigung beruhendes Verhältnis von Menschen zueinander, das durch Sympathie und Vertrauen ausgezeichnet wird. Eine in einer freundschaftlichen Beziehung stehende Person, bezeichnet man als Freund oder Freundin. Freundschaften haben eine herausragende Bedeutung für Menschen und Gesellschaften."

Stichpunktartig könnte man sagen:

Freunde vertrauen sich
Freunde motivieren und unterstützen sich
Freunde kennen ihre intimsten Gedanken
Freunde reden nicht schlecht übereinander
Freunde geben keine Geheimnisse weiter
Freunde können und dürfen sich kritisieren
Freunde streiten produktiv
Freunde verzeihen sich
Nehmen wir die einzelnen Punkte auseinander und stellen Gegenfragen. Natürlich suche ich wahllos Beispiele heraus, ihr dürft gern eure eigenen Interpretationen zum Ganzen haben. Sinngemäss werdet ihr verstehen, was ich meine.

Vertrauen

Ja, das sollte wohl in jeder Freundschaft da sein. Allerdings bis zu welchem Grad vertraut man sich denn? Wo fängt Vertrauen an und wo hört es auf? Vor allem, was genau ist Vertrauen eigentlich?

Vertrauen definiert die subjektive Überzeugung an die Ehrlichkeit einer Person oder an die Handlungen desjenigen.
Vertrauen ist ein Phänomen, das in unsicheren Situationen oder bei Risikohaft im Ausgang einer Handlung auftritt. Wer sich einer Sache sicher ist, muss nicht vertrauen. Ist Vertrauen eigentlich grundsätzlich eine gute Sache oder grenzt sie nicht eher an Dummheit?

Welche Art von Vertrauen bringen wir unseren Freundinnen entgegen?
Ist es eher ein oberflächiges Vertrauen, das auf Kleinigkeiten basiert, wie: „Der Kuchen meiner Schwiegermutter schmeckt total scheiße, aber bitte nicht weiter erzählen." Oder ist es ein tiefes Vertrauen wie: "Ich habe gestern eine Bank überfallen, die 1,5 Millionen liegen unter meinem Bett." Wie sehr vertraut ihr euch?

Gegenfrage

Würdest du deine beste Freundin ein Wochenende alleine mit deinem Mann/Freund in den Urlaub fahren lassen, weil du krank geworden, oder beruflich verhindert bist? Und ist das noch Vertrauen, oder schon blödsinnig? Denn selbst wenn DU deiner besten Freundin vertraust und darauf schwörst, dass nichts passiert, wie sieht SIE das? Kennst du sie wirklich so gut?

Motivation

Dieser Punkt ist sicherlich einfach nachzuvollziehen. Du motivierst deine Freundin, sich aufzuraffen zum Sport zu gehen, zum Beispiel. Du unterstützt sie in allen Belangen, sei es bei Behördengängen oder beim Tapezieren ihrer neuen Wohnung. Das machst du gerne und das ist doch selbstverständlich, oder?

Gegenfrage:

Motivierst du deine Freundin auch noch dann zum Sport zu gehen, wenn du allmählich das Gefühl hast, wie eine fette Schnecke neben ihr her zu schleichen? Wenn du beim Treppen steigen aus der Puste gerätst und sie die Stufen hochrennt, zur Behörde? Hilfst du ihr auch dann noch gern beim tapezieren, wenn sie eine viel schönere Wohnung hat als du, zum Beispiel? Oder die letzten Rollen genau *der* Tapete ergattert hat, die du auch gern gehabt hättest?

Intimste Gedanken

Natürlich erzählst du deiner Freundin was dich bedrückt, worüber du dir Sorgen machst, was dich bewegt und beschäftigt. Du erzählst ihr vom neuen Lover, und wie er im Bett ist, von der neuen, noch geheimen Geschäftsidee und natürlich weiss sie genau, wann du den letzten Pickel am Po hattest.

Gegenfrage:

Wo genau hatte sie den letzten Pickel? Du weisst es nicht? Hoffen wir, dass eure Freundschaft noch lange hält, denn sonst bist du, mit dem Wissen was sie über dich hat, arm dran.

Wo fängt es an?

Lassen wir all die Frauen mit schweren Knochen beiseite, sind ca. 50 Prozent der weiblichen Bevölkerung in Deutschland übergewichtig aufgrund zu hoher Nahrungsaufnahme. Klartext: Jede zweite Lady ist zu fett! Das heisst im Gegenzug: Wir haben genau so viele „Unter" oder „Normalgewichtige".

Widmen wir uns erst einmal der Frage: Was genau ist fett? Wo fängt fett sein an?
Medizinisch betrachtet gilt jeder als fettsüchtig, bzw. adipös, wenn der BMI einen gewissen Wert überschreitet. Bei einer Frau etwa, die 1,70 m groß ist und 70 kg wiegt, liegt der BMI bei über 24 und das ist übergewichtig.

Was genau ist dieser BMI Wert eigentlich?

Der Body Maß Index, kurz BMI, ist eine Messzahl zur Bewertung des Gewichtes in Relation deiner Körpergröße. Die Berechnung des BMI erfolgt durch die Teilung des tatsächlichen Gewichtes mit der Körpergröße zum Quadrat.

Hier eine kleine Tabelle mit BMI Werten:

Kategorie: **BMI Wert:**

Kategorie	BMI Wert
Untergewichtig:	kleiner als 19
Normalgewichtig:	19 - 24
Übergewichtig:	24 - 30
Stark übergewichtig:	30 - 40
Fettleibig:	40 und höher

Die Spanne zwischen Normal und Übergewicht ist leider erschreckend gering.

Wenn ich meine Freundinnen betrachte, stelle ich fest, dass vielen von ihnen die objektive Betrachtungsweise auf den eigenen Körper komplett fehlt. Die Hälfte meiner Freundinnen fühlt sich als zu fett, trotzdem ihr BMI teilweise kleiner als 22 ist. Woran liegt das?

Ist es wirklich ein persönliches Problem, oder ist es nicht vielmehr so, dass uns die Gesellschaft, beziehungsweise die Medien, in jeder möglichen Situation vorgaukeln, nicht schlank genug zu sein. Ich stelle mir oft die Frage, wie weit ist es noch gesund, sich auf diese von außen gesteuerten Zwänge, permanente Diäten, etc. einzulassen? Einer Umfrage zufolge hat jede zweite Frau in der Woche einen Tag, an dem sie sich zu dick fühlt. Unsere Kinder werden gezwungen mit den Begrifflichkeiten wie Magersucht, Bulimie und Blinge- Eating- Disorder aufzuwachsen. Wohin bitte soll das führen? Junge Mädchen schlagen sich den Bauch voll, werfen sich danach über die

Toilettenschüssel um alles wieder zu erbrechen, oder essen im schlimmsten Fall gar nichts mehr. Männer halten Fressgelage ab, dehnen ihre Mägen bis zur Unkenntlichkeit, um nachher die zu viel zu sich genommenen Kalorien in exzessiv ausgelegten Sportarten wieder abzubauen. Eine gesunde Gesellschaft sieht anders aus. Und das alles zum größten Teil nicht aus dem Grund, weil wir uns unwohl in unserem Körper fühlen, sondern weil wir von außen vorgegaukelt bekommen wie wir auszusehen haben, um anerkannt, sexy, liebenswert und dazugehörig zu sein.

Eine gute Figur wird als attraktiv, erotisch und gepflegt angesehen. Jedes junge Mädchen und jede Frau möchte heutzutage als so attraktiv wie möglich gelten. Doch warum ist das eigentlich so?

Die Musikbranche

Wenn ich mir im Fernsehen Musiksendungen ansehe, oder bei YouTube durch die neuesten Videos klicke, sehe ich vor allem eins: dünne Menschen. Sie tanzen und hüpfen in Hotpants oder rekeln sich in bikiniartigen Outfits an irgendwelchen Stränden dieser Welt. Wenn ich dann, eh schon entmutigt, mit meinem Staubsauger durch das Wohnzimmer jage, in Leggins und Schlabberpulli, heitern mich diese Videos seltenst auf.

Ich werde eigentlich nur eins: noch frustrierter, als ich eh schon bin. In diesen Momenten denke ich nicht daran, dass die Sängerinnen entweder nach den Mahlzeiten den halben Tag kotzen oder sich im Fitnessstudio quälen, oder beides. Und das, nachdem sie ein Salatblatt zu sich genommen haben. Nein, das sehe ich in dem Moment ganz und gar nicht. Das Einzige, was ich wahrnehme, ist, die sind dünn und ich bin fett. Da zählt dann plötzlich auch nicht mehr, wie lecker meine Pizza am Vorabend war. Das war gestern, das ist Geschichte.

Doch vielleicht habe ich Glück und es setzt sich gerade ein neuer Trend in der Musikbranche durch. Die junge Berliner Sängerin Kerstin Ott zum Beispiel könnte es schaffen, einen Meilenstein in der Musikszene zu setzen. Endlich mal ein Mensch wie du und ich. Da würde selbst ich mir wieder angewöhnen, beim Staubsaugen den Fernseher einzuschalten.

Hat die Figur etwas mit der Stimme zu tun? Natürlich muss ein ansprechendes Äußeres da sein, wenn ich mich in der Öffentlichkeit präsentiere. Aber ist normalgewichtig oder etwas füllig nicht ansprechend?

Zeitschriften

Egal ob beim Arzt oder beim Friseur, man kann ihnen schlecht entfliehen, den Illustrierten. Und was sind die Hauptthemen dieser Blättchen: Schönheit und Gewicht. Frisuren, Schminktipps und natürlich Rezepte zum Abnehmen.

Es ist wirklich so, man ahnt nichts Böses, setzt sich im Wartezimmer auf einen der freien Stühle, nimmt sich entspannt eine der Zeitungen und bumm! Da starren sie dich an, die Frisuren für Mollige, die Magermodels und natürlich die Diätfrikadellen. Direkt hinter den Abnehmtipps für die Bikinifigur. Ganz egal, wie du dich den Tag über motiviert hast, dir geschworen hast, dich nicht hängen zu lassen, spätestens jetzt bist du frustriert. Mir geht es jedes Mal so. Ich lese ein Rezept, egal ob Low Carb oder nicht und kriege Hunger. Ich kriege sogar Hunger auf dämliche Diätfrikadellen! Dabei spielt es auch gar keine Rolle, warum ich heute diesen Arztbesuch wahrnehmen musste. Ob ich nun wegen Schnupfen, Magen-Darm-Grippe, oder meiner Fressattacken dort saß, war völlig egal. Ich wollte diese Diätfrikadellen. Sofort! Und ich las auch jedes Mal wieder die blöden Diätrezepte.

Ganz egal, ob du die 100. oder die 1000. Diät probiertest, beim Leben deiner Schwiegermutter geschworen hast, nie wieder eine Jojoeffekt Diät zu machen, du kannst einfach nicht widerstehen. Genau diese eine musstest du noch ausprobieren.

Da ich leider selten alleine beim Friseur oder im Wartezimmer saß und das heimliche Ausreißen dieser Diätrezepte somit flach fiel, habe ich mir angewöhnt sie heimlich mit dem Handy zu fotografieren. Das klappte ganz gut. Kurz in der Handtasche gewühlt, das Handy rausgekramt und schon konnte es losgehen. Das wichtigste bei dieser Aktion war, dabei völlig unschuldig zu gucken. So, als würde man lediglich eine angekommene SMS lesen. Mir ist es letztens passiert, dass ich aus Versehen den Blitz nicht ausgestellt hatte. Plötzlich waren alle im Wartezimmer wieder hellwach.

Stigma

Fett sein ist ein Stigma. Leider ist es ein mittlerweile anerkanntes, gesell-schaftliches Stigma.
    In einigen Lebensbereichen gehört es fast schon zum guten Ton, sich über dicke Menschen lustig zu machen. Fette Menschen gelten als:

        1) Faul
        2) Inkonsequent
        3) Unhygienisch
        4) Willensschwach
        5) Verantwortungslos

Diese vorurteilsbehaftete Körperfülle ist nicht nur im Privatleben schwer zu ertragen, sondern macht auch vor beruflichen Einschränkungen nicht halt.

So schätzten zum Beispiel Personalentscheider in einer Studie der Universität Tübingen, vor allem Frauen mit Übergewicht als weniger kompetent und gebildet ein, nachdem sie Fotos von ihnen gezeigt bekamen. Und dies, obwohl diese Personen über einen höheren Bildungsabschluss verfügten.

Sprichwörtlich könnte man also sagen, dass die Menschen schon aufgrund eines Blickes verurteilt werden. Eingeteilt werden in dumm oder intelligent, in faul und in fleißig. Nicht ein einziges Wort musste fallen.

Wenn mich jemand verbal angriff aufgrund meiner Körperfülle, konnte ich ihn entweder ignorieren, weghören oder mich gegen das Gesagte zur Wehr setzen. Blicken konnte ich nicht entfliehen. Gegen Blicke konnte ich mich nicht wehren, denn alles, was ich in ihnen las, war rein spekulativ. Und trotzdem schmerzte es. Oft beobachtete ich mich dabei, Menschen aufgrund ihrer Blicke in gut oder böse einzuteilen. In Freund oder Feind. Manchmal mochte ich Menschen nicht, obwohl sie noch nicht ein Wort mit mir geredet hatten.

Viele Menschen denken, dass Dicke selbst schuld sind an ihrem Übergewicht. Sie müssten sich doch einfach nur mehr anstrengen, um abzunehmen. Leider sehen die Fakten ganz anders aus. Stigmatisierung macht Betroffene noch dicker, denn aus Frust wird oftmals noch mehr gegessen, als ohnehin schon. Sie geraten in einen Teufelskreis der Isolation.

Einige von ihnen verlassen aus Angst und Scham das Haus nicht mehr. Sie sperren sich weg, verstecken sich.

Daraus entstehen oft tiefer gehende Depressionen, Angststörungen, oftmals auch suizidale Gedanken. Nur, weil sie nicht der Norm entsprechen.

Laut dem Neurologen der New Jersey Medical School Dr. Barry E. Levin hängt die Frage, ob eine Person übergewichtig wird oder nicht, von mehreren Faktoren ab. Unter anderem auch von den Genen.

"Unsere Gene sind zu 60 bis 70 Prozent für Übergewicht verantwortlich, sie programmieren einen gewissermaßen dafür, anfällig für Übergewicht zu sein", sagte er der "New York Times".

"Tatsächlich ist es für eine Person, die genetisch anfällig für Übergewicht ist, und dann auch übergewichtig wird, fast unmöglich auf ein normales Gewicht zurückzukommen. Auch wenn viele Leute annehmen, dass übergewichtigen Menschen die Willenskraft fehlt, mit dem Essen aufzuhören, ist es doch in der Realität sehr viel komplizierter als das."

Viele dieser Dinge möchte man aber gar nicht hören. Viel einfacher ist es doch sich vorzustellen, dass ein fetter Mensch ein großes Stück Torte wegzulassen sollte, weniger zu McDonald's laufen, oder sich schlicht und ergreifend einfach mehr bewegen muss, um abzunehmen.

Wissenschaftler sind sich einig, dass das Essverhalten vieler Erwachsener, schon im Babyalter geprägt wird. Wer als Baby zur Beruhigung direkt ein Plätzchen in die Hand bekam, oder mit einem Fläschchen ruhiggestellt wurde, wird auch im Erwachsenenalter in Stresssituationen auf Nahrung zurückgreifen. Sich dieses als Verhaltensweise wieder abzugewöhnen, ist mitunter sehr schwer bis unmöglich. Und dann haben wir irgendwann den Salat: Wir stellen fest, dass wir fett sind. Und nun?

Einige von euch werden beim Lesen dieses Buches sicherlich denken: „Ach die Milor, was erzählt die denn? Das ist wahrscheinlich selbst so ein Hungerhaken und kann sich gar kein Bild davon machen wie sich ein dicker Mensch fühlt."

Liebe Leser, da möchte ich an dieser Stelle ein wenig ausholen und aus dem Nähkästchen plaudern. Ich bin zwar nicht als dickes Baby auf die Welt gekommen, allerdings habe ich es geschafft mir bis zur Grundschulzeit so viel Speck anzufressen, dass ich in der Schule regelmäßig gehänselt worden bin. Kennt ihr diese wunderbare Schulsportaktivität Völkerball? In meiner Schulzeit war das ein sehr beliebtes Spiel. Für die andern, denn mich wollte niemand in seiner Mannschaft haben. Ich blieb oft als Auswechselspielerin am Spielfeldrand sitzen und wartete. Ehrlich gesagt kann ich mich heute überhaupt nicht mehr daran erinnern, jemals eingewechselt worden zu sein. Wobei ich allerdings sagen muss, dass ich es im

Nachhinein betrachtet als gut ansehe, da ich viel zu langsam gewesen wäre, um vor dem heranfliegenden Ball zu flüchten. Und auch später in meiner Jugendzeit war es so, dass ich viele Modetrends nicht mitmachen konnte, weil es sie einfach nicht in meiner Größe gab. Ich war sicherlich kein 100 Kilo Teenie, allerdings dick genug um eine Außenseiterrolle einzunehmen.

Auch als Freundin wurde ich sehr oft nur mitgeschleppt, damit die dünneren Mädels neben mir glänzen konnten. Doch dazu später noch mehr.

Überfüttert?

Meine Freundin Tanja und ich kannten uns schon seit der Schulzeit. Wir waren ab der ersten Klasse unzertrennlich. Sie kam aus gutem Elternhaus, ihre Eltern waren beide schlank und sportlich. Sie spielte im Volleyballteam der Schule, und solange ich sie kannte, war sie immer sehr beliebt. Und dünn.

Der Weg zu unserer Schule führte durch einen kleinen Park. Rechts und links standen hohe Bäume und in der Mitte, wie eingelassen ein Weg. Rechts von dem Weg verlief ein kleiner Bach. Die Fahrradständer der Schule waren am Ende des Wegs auf der linken Seite angebracht und es war ein ganz schönes Stück zu laufen vom Schuleingangstor, bis zu den Fahrradständern und die Jungs aus meiner Klasse machten sich einen Spaß daraus, mir mein Fahrrad wegzunehmen und es regelmäßig in den kleinen Bach zu werfen. Sie wussten ganz genau ich würde es alleine nicht schaffen, die Böschung zum Bach hinunter zu klettern um das Fahrrad wieder heraus zu fischen. Anfangs dachte ich, dass sie irgendwann den Spaß daran verlieren würden, mein Fahrrad in den Bach zu werfen, doch ich täuschte mich. Die Strecke zur Schule zu Fuß zu laufen, wäre zu weit gewesen. Somit war ich auf das Fahrrad angewiesen.

Tanja half mir oft das Fahrrad wieder aus dem Bach zu holen und es störte sie auch scheinbar nicht, dass sie oft nass dabei wurde. Sie half mir, traf sich aber nachmittags regelmäßig mit den Jungs unserer Klasse um etwas zu unternehmen. Schon damals fragte ich mich, wie das zusammenpasst, einerseits mit mir befreundet zu sein und mit den Jungs. Sie schien damit kein Problem zu haben. Ganz im Gegenteil, oft hatte ich das Gefühl es täte ihr gut, von beiden Seiten Aufmerksamkeit geschenkt zu bekommen. Manchmal, wenn ich glaubte sie merkt es nicht, beobachtete ich sie von der Seite. Sie war so schmal, so grazil und schlank. Alles an ihr war perfekt proportioniert.

Ihre Eltern hatten einen großen Garten mit vielen Obstbäumen. Vielleicht lag da der Schlüssel zu allem. Bei uns gab es keine Obstbäume. Wenn ich zwischendurch Hunger hatte, habe ich immer zu Plätzchen oder Schokolade gegriffen anstelle mir einen Apfel in die Backe zu schieben. Aber sollte das wirklich der ausschlaggebende Grund für meine heutige Körperfülle sein?

Man sagt, je früher sich Kinder an eine gesunde Ernährung gewöhnen, desto leichter akzeptieren sie sie. Zu viel Fett, macht fett. Das ist Fakt. Doch woher, soll ein Kind das wissen? Ich möchte an dieser Stelle natürlich meinen Eltern keinen Vorwurf machen. Genascht habe ich hauptsächlich heimlich.

Zwischen dem fünften und achten Lebensjahr festigen sich bei Kindern die Essgewohnheiten und damit auch die Zahl der Fettzellen. Wusste ich leider nicht. Mir selbst ist es auch eigentlich nie aufgefallen, wie dick ich war. Als kleines Kind fand man meinen Babyspeck niedlich. Als 14-jährige plötzlich nicht mehr. Doch da war es schon fast zu spät. Mein Körper hatte sich an die regelmäßige Überfütterung gewöhnt. Wie fett ich in den Augen anderer war, kann ich euch gut an einem Beispiel erklären.

Bahnhof

Eines Nachmittags in meiner Jugendzeit wollte ich mit dem Zug in die Nachbarstadt fahren. Während ich auf dem Bahnhof wartete, suchte ich etwas in meiner Tasche. Dabei fiel mir auf, dass mein Haustürschlüssel verschwunden zu sein schien. Ich kramte und kramte, irgendwann sprach mich von der Seite eine Jugendliche an und fragte mich was ich suchen würde. Und das Gespräch verlief in etwa so:

„Hi Mäd, was suchst du denn da, hast du etwas verloren?"

„Ja, ich glaub meinen Haustürschlüssel. Mein Vater wird mich töten, er hat mir vor ein paar Wochen erst einen nachmachen lassen."

„Ach komm, so schlimm wird es schon nicht werden. Guck doch noch mal überall Mäd."
„Hab ich, der ist weg."
Wir redeten ein bisschen und warteten zusammen auf den Zug. Irgendwann fragte ich sie schüchtern:
„Hast du den Sprachfehler schon lange?"
Erstaunt blickte sie mich an und fragte:
„Welchen Sprachfehler?"
„Du verschluckt doch Silben", sagte ich.
„Ne, mache ich nicht, wie kommst du darauf?"
„Du sagst immer Mäd. Anstelle von Mädchen."
„Ja, aber deshalb verschluckte ich keine Silben, ich sage extra Mäd!"
„Warum das denn?"
„Für ein Mädchen bist du eindeutig zu fett. Es gibt ja auch keine Elefantchen."

Ich schwieg den Rest der Zeit, was ihr aber nicht einmal aufzufallen schien. Als ich am Abend nach Hause kam schob ich mir vor Frust eine dicke Pizza in den Backofen. Schon während ich das tat wusste ich, es ist völlig falsch, überhaupt nicht der richtige Weg. Doch brauchte ich für jede Schmach die ich erleiden musste, eine Belohnung. Hätte ich eben am nächsten Tag noch ein Kilo mehr auf der Waage. Darauf kam es auch nicht mehr an. Und eine fette Pizza, war nach einem so beschissenen Tag, genau das richtige. Zu Hause musste ich mich nicht zusammenreißen.

Arsch frisst Stuhl

Schlimm war es auch mit anderen Leuten essen zu gehen. Ich hatte ein paar wenige Lieblingsrestaurants. Die zeichneten sich durch die unterschiedlichsten Dinge aus. Zum einen durch die exquisite Auswahl der Speisen, zum anderen und das war das eigentliche Thema, dadurch, dass sie Stühle hatten, auf denen mir nicht nach 2 Minuten der Hintern wehtat. Viele der Stühle waren schlicht und ergreifend einfach zu schmal.

Ich erinnerte mich an ein Erlebnis, das noch nicht allzu lange zurücklag. Wir haben in einem Nachbarort ein chinesisches Restaurant, das ein großes Buffet anbietet. Sehr schön gelegen, direkt an einem Kanal. Es war an einem heißen Sommerabend, als ich beschloss, mit einer Clique von Freunden dort etwas essen zu gehen. Natürlich suchten wir uns Plätze draußen, mit Blick aufs Wasser. Wie es in vielen Restaurants üblich ist, besteht die Bestuhlung draußen aus Plastikstühlen. Ich war schon oft dort gewesen, hatte aber bisher immer drinnen gesessen. Doch an diesem Tag ließ es die Hitze nicht zu.

Schon beim Hinsetzen merkte ich, dass der Stuhl und ich keine Freunde würden. Unsere Beziehung stand von der 1. Sekunde an auf sehr wackeligen Beinen. Meine größte Angst war eigentlich, dass der Stuhl meinem Gewicht nicht standhalten und zusammenbrechen würde. Das ersparte er mir glücklicherweise. Was er mir nicht ersparte war, an meinem Hintern kleben zu bleiben, als ich aufstehen wollte. Ich steckte mitten auf der

Terrasse eines chinesischen Buffet Restaurants, in einem weißen Plastikstuhl fest, aus dem ich mich nicht alleine wieder befreien konnte. Die Blicke der anderen Gäste und das Gelächter meiner Clique könnt ihr euch sicherlich gut vorstellen. Der Appetit war mir vergangen.

Am liebsten wäre ich im Erdboden versunken. Doch der Boden unter mir öffnete sich nicht. Schon während dieser: „Arsch frisst Stuhl Aktion", war mir die Röte ins Gesicht geschossen. Ich schämte mich. Das Gelächter meiner Freunde tat mir weh. Trotzdem konnte ich mir vorstellen, dass es auch für sie nicht leicht war, durch mich die Aufmerksamkeit aller anderen Gäste auf sich gezogen zu haben. Den ganzen Abend über konnte ich die Blicke der anderen Besucher in meinem Rücken spüren. Kaum traute ich mich mehr, mir etwas zu Essen vom Buffet zu holen.

Während meine Freunde zwei bis dreimal losliefen, um sich die Teller zu füllen, begnügte ich mich mit einem Mal. Nicht, weil ich keinen Hunger hatte, sondern weil ich mir die Gedanken der anderen sehr gut vorzustellen vermochte.

Ich setzte mich seitlich in den Stuhl, das rechte Bein über das linke geschlagen, so dass nur meine linke Arschbacke die Polster berührte. Noch einmal, würde ich mir die Blöße nicht geben. Im Laufe des Abends stand ich einmal auf, und ging alleine ein paar Schritte zum Kanal um eine zu rauchen. Alle meine Freunde waren dünn. Und alle lachten. Ich stellte mir die Situation mit umgekehrten Rollen vor und fragte mich, ob ich auch gelacht hätte, wenn es einem anderen passiert wäre. Vielleicht.

Ich hatte gerade meine Kippe in die Böschung des Kanals geschnippt, als Tanja neben mir auftauchte.
„Was machst du hier so ganz alleine", fragte sie mich.
„Nachdenken."
„Ach komm, hör auf zu schmollen, das hat doch überhaupt keiner mitgekriegt mit dem Stuhl."
„Tanja bitte, jeder im Lokal hat es gesehen, draußen und drinnen. Weißt du eigentlich, wie peinlich das für mich ist?"

Tanja sagte, sie wüsste es. Aber sie erzählte mir auch, dass es für sie und die Clique auch nicht einfach wäre, wenn ich permanent durch mein Gewicht die Aufmerksamkeit auf mich lenken würde. Aha. So war das also. Ich war ihr peinlich.
„Ich hab nicht direkt gesagt, dass du mir peinlich bist, sondern nur dass die Leute gucken, wenn du irgendwo auftauchst."
„Aber wenn du in deinem Minirock irgendwo auftauchst, dann gucken die Leute nicht oder was?", konnte ich mir nicht verkneifen zu fragen.
„Ja natürlich gucken die, aber das ist auch so gewollt und aus einem ganz anderen Grund als bei dir."

Bei ihr war es also Bewunderung und bei mir Peinlichkeitsblicke. Das hatte ich nun auch verstanden.

Ich blieb den ganzen Abend über schweigsam und zog mich immer mehr in mich zurück.

Natürlich vertrugen Tanja und ich uns wieder, allerdings hatte sich unser Verhältnis seit diesem Abend merklich abgekühlt. Doch wie es eben ist, der Alltag ist ein Emotionsfresser. Trotzdem war ich seit diesem Tag etwas mehr auf der Hut und nahm Tanjas Äußerungen immer skeptischer unter die Lupe. Waren das wirklich nur unbedachte Sprüche die sie abließ, oder war doch in jedem Spruch etwas an Boshaftigkeit zu finden, wenn man nur lange genug suchte? Ich war unsicher. Zudem fragte ich mich, ob mir diese Spitzen vorher nicht aufgefallen waren, oder ob sie wirklich erst in der letzten Zeit bewusst angebracht wurden.

Shoppinghorror

Ich stand in einem Einkaufscenter, an einem stinknormalen Tag, in einer ganz normalen Woche, bei noch nicht mal außergewöhnlichem Wetter.
    Meine Hose klemmte. Großartig viel gegessen hatte ich eigentlich heute noch nicht, also zumindest nicht mehr als sonst. Verlegen blickte ich nach rechts und links, um zu checken, ob mich jemand beobachtete. Als ich feststellte, dass es nicht der Fall war, zog ich mein T-Shirt ein kleines Stück hoch und versuchte beide Daumen so elegant wie möglich, unter meinen Hosenbund zu schieben. Der Zweck dieser Aktion war, endlich meine eingeklemmte Speckrolle, aus ihrer misslichen Lage, unter meinem Bund zu befreien. Schwitzig fühlten sich meine Hände an, als ich sie

wieder aus der Jeans zog. Erleichtert drehte ich mich zu den Menschenmassen im Einkaufscenter um und hoffte dass der süße Typ rechts von mir, noch nicht allzu lange dort stand. Obwohl, eigentlich war es egal, denn ich fiel eh nicht in sein Beuteschema. Er stand auf kleine, dünne, blonde Püppchen, die perfekt gestylt und perfekt geschminkt, durch sein Leben stolzierten. Ich folgte seinem Blick, der in der Ferne an einer Gestalt klebte, mit dem äußeren Erscheinungsbild, wie gerade eben von mir beschrieben.

Mit einem strahlenden Lächeln und einer kleinen, weißen Tüte eines Modelabels lief sie ihm freudig entgegen. Sicher hatte das Püppchen nur einen String Tanga gekauft. Ein Pullover, oder eine Jeanshose, hätte sicherlich nicht in diese kleine Tüte gepasst. Obwohl, ihre vielleicht schon. Meine nicht. Ich hasste solche Frauen. Plötzlich war meine Laune im Keller und als ich mich ein kleines Stückchen bewegte, konnte ich spüren, dass auch meine Speckrolle, wieder an den ihr nicht zustehenden Platz unter dem Gürtel gerutscht war. Als ich diesmal beide Hände unter dem Bund verschwinden ließ um den Jeansstoff zu dehnen und meine wieder an ihren Platz zu schieben, war es mir auch egal, ob mich jemand dabei beobachtete, oder nicht.

Ich hatte noch ein paar Minuten Zeit, bis meine Freundin Tanja käme. Heute war großer Mädels Shopping Day. Ich beschloss die verbleibende Zeit sinnvoll zu nutzen, um auf die Toilette zu gehen, die ein paar Meter entfernt lag. Beim rüber laufen fragte ich mich, warum ich meine Hosenbundstory, nicht dort erledigt hatte. Frustriert kickte ich mit meinem rechten Fuß die Klotür auf, stellte mich vor das Waschbecken und blickte in den Spiegel. Es gab solche und solche Tage. Kennt ihr, oder? An manchen Tagen stand ich auf, studierte beim Zähneputzen mein Gesicht und dachte: „Geht eigentlich."

Wenn man alleine mit sich ist, ohne Zuschauer, in einer schönen weiten Jogginghose, einem bequemen T-Shirt, der Sonne die durchs Badezimmerfenster scheint, ist eigentlich alles ganz o. k. Man durfte nur einfach an solchen Tagen das Haus nicht verlassen. Oftmals reichte ein fremder Blick, um das in mühevoller Kleinstarbeit aufgebaute Gerüst der Selbstverliebtheit, zum Einsturz zu bringen. Warum zur Hölle mussten auch alle anderen Weiber dieser Welt, in Kleidungsgrößen zur Welt kommen, in die nicht einmal mein linker Oberschenkel passte?

Klock, Klock, Klock, vernahm ich ein mir bekanntes Geräusch. Das hörte sich verdammt nach Tanjas hohen Absätzen auf den Marmorfliesen des Einkaufszentrums an. Kaum hatte ich diesen Gedanken zu Ende gebracht, flog auch hinter mir schon mit einem leichten Knall die Tür auf, und Tanja schritt, anders konnte man es nicht nennen, in den Luxusklassen-waschsalon des Oberhausener Centros.

Nachdem wir unser obligatorisches: Küsschen links, Küsschen rechts, und das Ganze noch einmal zurück, ausgetauscht hatten, begannen wir unseren Beutezug durch sämtliche, mit roten

Sonderangebotsfähnchen bestückten Boutiquen des Centros. Alles war wie immer. Tanjas braune Mähne flog im erwartungsfreudigen Wind, des diesjährigen Sommerschlussverkaufs, hin und her. Die langen Haare waren ihr Markenzeichen. Ganz genau wusste ich, wie sie die letzten Stunden zu Hause im Badezimmer verbracht hatte. Es wurde gewaschen und geföhnt, gestriegelt und geputzt, was das Zeug hielt. Ich könnte meinen Hintern darauf verwenden, dass alleine ihr Glätteisen, ganze Romane über die Fertigstellung einer Shoppingfrisur schreiben könnte, ließe man es nur. Oft genug hatte ich im Laufe unserer langjährigen Freundschaft, gelangweilt in der Badezimmertür gestanden, und ihrem Treiben zugeschaut. In den ersten Jahren, versuchte ich regelmäßig mit ihr darüber zu diskutieren, wozu sie diesen ganzen Aufwand betrieb, wenn sie doch, sobald wir im Einkaufszentrum angekommen waren, ihre Mähne wie wild schüttelte. Im Zweiminutentakt, obwohl 2 Minuten wahrscheinlich untertrieben waren, griff sie mit der rechten Hand in ihren Nacken, um von hinten ihre Haare über den Blusenkragen zu schleudern. Irgendwann gab ich es auf, und schwieg einfach nur noch. Heute jedoch war ich froh um ihre langen Haare, denn so konnte ich sie von meinem Beobachtungsposten, einem der bequemen Stühle vor den Umkleidekabinen, gut in den Menschenmassen ausmachen.

Warum ich nicht auch stöberte, fragte euch jetzt bestimmt? Die ersten 2000 Läden, die wir abklapperten, führten nur Konfektionsgrößen für magersüchtige Models, also sprich bis Größe 44. Ich trug 46 einhalb. O. k., manchmal war es auch eine glatte 48. Das lag allerdings aber auch nur daran, dass sich heutzutage alle Modedesigner, mit ihren Größen an Frauen mit einer Zuckerallergie orientierten. XXS, XS, was bitte haben diese Größen mit einem ganz normalen Frauenkörper zu tun? Aber zurück zum Thema. In diesen Läden gab es nichts für mich. Manchmal erwischte ich mich dabei, wie ich frustriert an der Kasse aus den Wühlkörben, ein paar schwarze Tennissocken fischte, um nicht jedes Mal komplett ohne Beute, den Laden zu verlassen. Wenn Tanja dann mit geröteten Wangen, gefühlte 2 Stunden später, endlich aus dem Laden kam und mich fragte, ob ich denn auch etwas Schönes für mich gefunden hätte, gab mir die kleine Plastiktüte mit den Tennissocken in meiner Hand, ein gutes Gefühl. Glücklicherweise wollte sie meine Schnäppchen nie näher in Augenschein nehmen.

In unserer ersten Shoppingpause, ließen wir uns, wie jedes Mal, zum Verschnaufen in unserer Lieblingseisdiele nieder. Beim heraneilenden, freundlichen Italiener, bestellte sie zwei Wasser. Entgeistert sah ich sie an. Wasser? Neidisch ließ ich meinen Blick über den Nebentisch schweifen, an dem ein turtelndes Pärchen ein fettes Eis aß. Mein Magen knurrte. Wenn ich mal Eis aß, bestellte ich immer ein Pizza Eis. Das bestand mindestens zur Hälfte aus Obst, so konnte ich meinem Fetisch nach Eis nachgeben und musste nur ein halbes schlechtes Gewissen haben. Obst machte ja nicht dick. Das kleine bisschen Sahne, zwischen den Eis und Obstbergen, ist wirklich nicht weiter erwähnenswert. Ich atmete tief ein, schluckte, verschluckte mich fast an meinem angesammelten Speichel und zwang mich, meine Augen vom

Nebentisch loszureißen. Irgendwann war auch diese unerquickliche Pause vorbei und wir stürzten uns wieder freudig ins Einkaufsgetümmel. Zielstrebig steuerte ich auf den in der Nähe liegenden C&A zu. Ich wusste ganz genau, ich musste sehr, sehr schnell sein. Denn wenn Tanja erst wieder eine ihrer XXS Boutiquen in Sichtweite hätte, wären auch die nächsten 2 Stunden für mich Geschichte. Doch ich hatte Glück. Tanja wühlte mit der linken Hand in einer ihrer vielen Einkaufstüten, redete dabei wild auf mich ein, wie toll doch das neue T-Shirt sei, welches sie gerade ergattert hatte und achtete glücklicherweise überhaupt nicht auf den Weg. Erst, als wir schon mitten in der XXL Abteilung standen, blickte sie erstaunt zu mir hoch. Ich kannte diesen Blick. Ich kannte diesen Blick sehr gut. Doch diese Wassergeschichte verlangte nach Rache.

Langsam und bedächtig, schlenderte ich die Ständer entlang, nahm hin und wieder ein Teil in die Hand und hielt es Tanja mit einem fragenden Blick vor die Augen. Meistens zog sie erst ihre Stirn kraus, rümpfte die Nase, spitzte ihren Mund und schüttelte den Kopf. Nur sehr selten kam es vor, dass sie nickte und ich mit einem Teil in der Umkleidekabine verschwand. Das Dilemma in den Umkleidekabinen, ist immer und immer das gleiche. Nichts passt, kein Teil sitzt vernünftig, irgendetwas ziept, oder kneift. Ich wünschte mir, vor den Umkleidekabinen würde eine Bar stehen, oder zumindest alle paar Minuten jemand mit einem Schnäpschen vorbeikommen, um den Frust zu ertränken.

Wie oft hatte ich hier schon gestanden, den Tränen nahe und war fast an mir selbst verzweifelt. Wenn etwas oben saß, saß es unten nicht. Ich verfluchte meinen Körper. Warum tat er mir jedes Mal aufs Neue diese Schmach an. Oft konnte ich, wenn ich auf meinem Stuhl in der Umkleidekabine saß und Trübsal blies, in denen Nebenkabinen Gelächter hören. Die Frauen kamen und gingen, alleine oder mit Freundinnen. Manchmal teilten sich bis zu drei Frauen eine Kabine. Wenn man dünn ist, konnte shoppen scheinbar wirklich Spaß machen. Natürlich passten da auch ganz oft die Klamotten nicht, aber da lag es dann am Schnitt, oder dass etwas ein Nümmerchen zu klein oder zu groß war. Wenn man allerdings versuchte die größte Größe anzuprobieren und dann feststellt, dass sie immer noch zu klein ist, naja. Üble Geschichte.

Ich sah mich im Spiegel auf dem Hocker sitzen und flehte in Gedanken den Pullover in meiner Hand an zu passen. Während ich mir leicht schwitzend den Pulli über meine kurzen Haare zog, stellte sich mir die Frage, ob Tanja das Teil an mir wohl wirklich gefallen würde, oder ob sie lediglich genickt hatte, damit wir schnell diesen Laden wieder verlassen konnten. Doch sofort schämte ich mich für meine Gedanken. Sie mochte mich, das wusste ich. Doch empfand sie mich wirklich als ebenbürtig?

Habt ihr eigentlich mal auf das Licht in den Umkleidekabinen geachtet? Das machen die doch extra oder? Jedes Speckröllchen wird angestrahlt und gut ausgeleuchtet. Man findet Dinge an sich, die hat man vorher noch nie gesehen. In einer solchen Umkleidekabine starrte mich das erste Mal meine Cellulitis an. Ich starrte zurück. Zuhause ist sie mir nie so aufgefallen. Das konnte kein Zufall sein.

Es dauerte bestimmt nicht mehr allzu lange, dann böten die Modehäuser in den Umkleidekabinen noch einen anderen Service an. In Gedanken konnte ich schon das Schild vor mir sehen, dass in den Umkleidekabinen hängen würde:

Sie haben soeben Cellulitis, Krampfadern, Reiterhosen oder sonstige Unschönheiten an sich entdeckt, von denen sie nichts ahnten?

Unser besonderer Service heute für sie zum Sonderpreis:

Erschießen: 10 Euro
Erhängen: 8 Euro
Giftcocktail mit Maracujageschmack: 12 Euro

Bitte wenden Sie sich vertrauensvoll an unser Fachpersonal. Die Leistungen sind vorab zahlbar!

Gedanken

Als ich später zu Hause meine Haustür aufschloss, in meiner Hand eine Tüte mit schwarzen Tennissocken, den Pullover hatte ich übrigens nicht genommen, blieb ich erst einen Moment im Flur stehen und verschnaufte. Mein schlechtes Gewissen plagte mich. Irgendwann war ich völlig frustriert aus der Umkleidekabine getürmt, hatte noch nicht einmal mehr den Pulli zurück auf den Bügel gehängt und wollte einfach nur noch aus dem Laden raus. Tanja begründete ich meine Flucht mit plötzlich auftretenden Bauchschmerzen. Und Schmerzen, hatte ich wirklich. Warum hatten sich solch arglistige Gedanken in mein Hirn geschummelt? Woher kamen die? Tanja war doch meine Freundin, oder? Doch dachte ich wirklich wie eine Freundin? Sollte ich mich nicht vielmehr freuen, dass sie all ihre modischen Wünsche erfüllt bekam? Sie war so stilsicher. So verdammt souverän. Und so beschissen dünn. Und da war es schon wieder, dieses elendige Gefühl. Dieses selbstzerstörerische: Warum du und nicht ich?

Lange saß ich im Dunkeln auf meinem Sofa und machte mir Gedanken. Das Pizza Eis, das ich mir auf dem Rückweg vom Centro einverleibt hatte, lag mir schwer im Magen. Nie hatte ich mich fetter und bedeutungsloser gefühlt. Bei mir folgte regelmäßig nach einem erfolglosen Shopping Day eine Fressattacke. Natürlich wusste ich, dass die Leckereien nichts besser machten, doch Süßigkeiten trösteten eben. Heute, wie damals.

Ich beschloss, mich mit meinem Gefühlschaos auseinanderzusetzen. Schnell war der Rechner hochgefahren und Tante Google aufgerufen. Ich surfte mir die Finger wund. Was genau war eigentlich fett? Ab wann galt man als fett? In der Gesellschaft, aber vor allem für uns selbst?

Scheinbar hatte ich nicht alleine dieses Problem, sondern es schien ein kulturell übergreifendes Ding zu sein. Ich las, dass fülligere Menschen, als außer Kontrolle geraten, gelten. Aha, außer Kontrolle geraten, also. Unter diesem Begriff hatte ich mir bis dato immer einen wild gewordenen Gorilla, in einer Tanzschule vorgestellt. Oder einen ausgebrochenen Löwen, der in einer Fußgängerzone wahllos kleine Kinder fraß. Zweifelnd sah ich an mir hinab. Ich sollte also außer Kontrolle geraten sein. Nun hatte mein schlechtes Gefühl also auch noch einen Namen. Ich las weiter. In der Vergangenheit schien von Frauen nicht erwartet worden zu sein, mega schlank durchs Leben zu gehen. Tatsächlich sogar war es schick, etwas fülliger zu sein. Dementsprechend war ich also einfach nur in der falschen Zeit geboren. Schwacher Trost.

Auf einer bestimmten Internetseite bekam ich zu lesen, dass ich mich nur selbst genug lieben müsste, um meinen Körper so zu akzeptieren, wie er nun mal ist. Dort stand, wenn ich mir nur selbst genug Zuneigung entgegen brächte, sich eigentlich alle meine Probleme mit einem Schlag lösen würden. Ich könnte freudig in den Spiegel sehen, meine Speckröllchen begutachten und trotzdem den lieben Gott einen guten Mann sein lassen. Ja ne, ist klar! Laut dieser besagten Internetseite, war ich ein wundervoller Mensch. Denn ich bin freundlich, witzig, gesellschaftlich angenommen. Äußerlichkeiten spielen also charakteristisch, überhaupt keine Rolle. Wollten die mich eigentlich total verarschen? Scheinbar hatten die Schreiberlinge dieser Webseite keine Freundin namens Tanja, mit langer Löwenmähne und 50 Kilo Kampfgewicht.

Meine Laune war im Keller. Meine Füße waren vom langen Stehen so geschwollen, dass ich dicke Würste, oberhalb meiner neuen schwarzen Tennissocken, ausmachen konnte. Nur kurz am Rande erwähnt: Ich hasste Tennissocken. Vor allem ihre Bündchen. Doch welche Art von Socken, sollte ansonsten in den Boutiquen an den Kassen, vorne in den Wühlkörben liegen? Die Frauen, die dort einkauften, bekamen abends keine dicken Füße.

Der Grund des heutigen Shoppingmarathons war übrigens eine Partie am kommenden Wochenende. Dass ich nicht gerade die Party Löwin vorm Herrn war, denke ich, muss nicht besonders erwähnt werden. Mich mit auf eine Party zu schleppen, war so ziemlich das beschissenste, das man mir antun konnte. Zum einen, waren da meine Haare. Eine nette Friseurin hatte mir beim letzten Friseurbesuch den Tipp gegeben, mir meine schulterlangen Haare etwas sportlicher schneiden zu lassen. Sportlich hieß kurz. Angeblich sollte es das Gesicht schmaler erscheinen lassen und meine Wangenknochen betonen. Bitte, bitte liebe Leserinnen: Sollte euch eine Friseurin irgendwann den Tipp geben, eure Haare abschneiden zu lassen, weil es euer Gesicht schlanker macht, haut ihr einfach nur eins in die Fresse. Ihr könnt ihr auch gerne danach einen schönen Gruß von mir bestellen.

Was ziehe ich an?

Zum anderen stellte sich mir jedes Mal aufs Neue vor einer Party die Kleidungsfrage. Was zur Hölle sollte ich anziehen? Wirklich schöne, moderne Klamotten gab es auf dem normalen Kleidungsmarkt nicht wirklich. Natürlich wollte ich einerseits schick sein, auf der anderen Seite aber auch nicht aussehen wie Wurst in Pelle. Zu Hause trug ich entweder der Bequemlichkeit halber Leggins, Jogginghosen, weite Blusen oder Pullover, die nirgendwo drückten oder ziepten. Im Internet hatte ich einen Shop aufgetan, der modischen Sachen für Mollis im Lagen Look verkaufte. Die Stücke, die man dort ergattern konnte, waren nicht der neueste Trend, doch zumindest waren sie bunt. Tanja nannte sie oft abfällig meine Kaspar Säckchen. Zudem hatte sich das Schicksal mit der Verteilung meiner Proportionen einen Riesenspaß erlaubt. Ich hatte ein Kreuz wie ein Brauereipferd, Oberarme wie ein Catcher und Beinchen wie ein Reh. Ich musste meine Kleidungsstücke also oben rum immer teilen. Das hieß im Klartext: eine Bluse oder ein Shirt, darüber eine Weste oder ein offenes Top. Einfarbige Oberteile die durch nichts unterbrochen wurden, waren absolut tödlich und machten mich noch fetter, als ich eh schon war. Kleider funktionierten nur komplett ohne Ärmel, wenn möglich mit Spaghettiträgern. Aber auch nur theoretisch, denn praktisch waren meine Oberarme für solche Kleider viel zu dick.

Je näher der Abend der Party rückte, desto nervöser und übellauniger wurde ich. Im Grunde war es aber auch egal, denn was ich auch anzöge, dick würde ich immer aussehen. Kein Kleidungsstück dieser Welt würde es schaffen, mich schlank erscheinen zu lassen. Vielleicht sollte ich direkt zu Hause bleiben. Zu große Lust hätte ich, mich einfach auf die Couch zu werfen, den Fernseher einzuschalten, ein gutes Buch zu lesen oder einfach nur Langeweile zu schieben. Jedoch wusste ich ganz genau, Langeweile war ein Wort mit sehr, sehr vielen Kalorien. Also hieß es: Augen zu und durch.

Schon lange hatte ich aufgegeben Tanja danach zu fragen, was sie anziehen würde. Bei bisherigen Partys hatte ihre Antwort auf meine Frage immer gelautet:
„Nichts Besonderes, ganz normal, ich style mich nicht auf."

Das „nicht aufstylen" von Tanja, sah dann jedes Mal so aus: Minirock, hautenges Top, Seidenstrümpfe und Stiefel. Die ersten Male bin ich darauf reingefallen und war den ganzen Abend frustriert, in meiner Jeans der Bluse und der Weste, neben ihr sitzen zu müssen. Sicher war es keine böse Absicht von ihr, sie war halt einfach so. Ich meine, was könnte sie auch davon haben, mich absichtlich bloßzustellen? Ganz davon abgesehen besaß ich auch noch nicht mal einen Minirock.

Kleidung ist immer ein ganz, ganz heikles Thema. Nicht jeder kann alles tragen. Dennoch gibt es ein paar Stylingstechniken, die hier und da ein Pfündchen wegmogeln können.

Ein tiefes Dekolleté macht einen schlanken Hals und darf gern getragen werden.
Leicht ausgestellte, weichfallende Ärmel, schmälern kräftige Oberarme.
Röcke und Kleider in A-Form eignen sich gut um ein paar Kilos weg zu mogeln.
Gemieden werden sollte hingegen zu weite Kleidung, Querstreifen, Oberteile mit Taschen oder Rüschen.

Zeltplanen

Vielleicht sollte ich vor dieser Party alles anders machen. Ich rief Tanja an und bat sie nachmittags vorbeizukommen, um mit mir meinen Kleiderschrank zu durchforsten und ein paar schöne Stücke für die Party zur Auswahl rauszusuchen. Tanja sagte zu, bat mich ihr einen Kaffee zu kochen und ein Stück Kuchen zu besorgen, da sie direkt von der Arbeit bei mir vorbeikäme. Kuchen holen hieß für mich, ich musste das Haus vor dem Mittag noch einmal verlassen. Ärgerlich, denn heute regnete es in Strömen. Aber natürlich verstand ich, dass sie, wenn sie von der Arbeit kam, Hunger hatte.

Also zog ich mich an, ging durch unseren Hausflur in den Keller, zu meinem Fahrrad. Im Kellereingang traf ich auf unseren Hausmeister, der gerade dabei war ein paar Fliesen auf dem Boden auszuwechseln. Innerlich regte ich mich total darüber auf, dass er im Gang kniete und nicht bereit war 1 Zentimeter an die Seite zu gehen, als er mich kommen sah. Als ich mich an ihm vorbeiquetschte, spürte ich wie mein Bauch seinen Rücken berührt. Ich holte mein Fahrrad aus dem Keller, schob es hinter seinem Rücken her und quetschte mich zum zweiten Mal an ihm vorbei. Plötzlich hörte ich seine Stimme hinter mir:

„Hören Sie mal, junge Frau. Sie wissen schon, dass sie einen Platten haben, oder?"

„Was hab ich?", fragte ich ihn genervt.

„Plattfuß. Luft aus dem Reifen raus. Hinten. Ist ja auch bisschen klein das Fahrrad für ihr Gewicht."

„Ja, du mich auch", sagte ich.

Ich fluchte. Gerade so einen Mist konnte ich heute gar nicht brauchen. Nicht am Nachmittag vor einer Party. Wütend stellte ich das Fahrrad an der Kellerwand ab, lief zu Fuß zum Bäcker und besorgte Tanjas Leckereien. Ich konnte spüren, wie die Regentropfen an meinem Rücken hinunter liefen. Ich war klatschenass. Zuhause angekommen rubbelte ich mir meine kurzen Haare trocken, zog mir ein anderes Oberteil über, als es auch schon klingelte. Tanja war da.

„Hi Anastasia, zeig mal schnell deine Klamotten, ich hab's eilig. Ich muss direkt wieder los."

„Aber wieso das denn, ich hab extra Kuchen geholt, ich dachte, du hast Zeit mit mir meinen Kleiderschrank durchzusehen."

„Nein du, sorry, das klappt heute leider nicht. Ich hab mich mit Jessica verabredet, wir müssen noch mal in die Stadt, ich hab da so ein absolut hammergeiles Oberteil entdeckt, das muss ich unbedingt haben für heute Abend."

„Ich dachte, du ziehst nichts Besonderes an?"

„Na so was Besonderes ist ja jetzt auch wieder nicht, warum bist du denn so angepisst, du hast doch Klamotten. Zieh doch einfach eine von deinen bunten Zeltplanen an und gut ist es. Machst du doch sonst auch immer."

„Zeltplanen?"

So dachte sie also über mich.

„Mein Gott, nun sei doch nicht so empfindlich. Die sind doch toll die Teile. Du bestellst sie doch extra aus dieser Boutique im Internet."

Es gab Tage, da machten mir solche Sprüche überhaupt nichts aus, da konnte ich sogar mit ihr darüber lachen. Zu anderen Zeiten, zum Beispiel wie an diesem Tag, reichte ein böses Wort, um mich fertig zu machen. Ich verfluchte meinen Körper. Natürlich war ich es gewohnt, blöd angeguckt zu werden, mir auch ab und zu mal einen fiesen Spruch einzufangen, aber ausgerechnet von meiner eigenen Freundin? Sollte nicht gerade sie wissen, was ich empfinde?

Ich konnte mich noch gut an eine bestimmte Situation auf einer der letzten Partys erinnern. Tanja stand mit einem jungen Mann in der Nähe der Musikboxen und alberte herum. Ich gesellte mich dazu und lehnte mich mit dem Rücken an eine der Boxen. Da drehte sich plötzlich Tanjas Gesprächspartner zu mir um und meinte:

„Ich will dir nicht zu nahe treten, aber wenn du vor der Box stehst, haben wir nur noch Monobeschallung."

Natürlich habe ich mit den beiden gelacht, was blieb mir auch anderes übrig? Aber eins könnt ihr mir glauben liebe Leser, es wird nie wieder eine

Party in meinem Leben geben, bei der ihr mich in der Nähe einer Box finden werdet.

Ich habe mich zu dem Zeitpunkt ziemlich oft gefragt, ob sich die Menschen die solche Sprüche ablassen, eigentlich überhaupt keine Gedanken darüber machen, was deren Aussagen anrichten können. Mimosenhaftigkeit liegt mir nicht und ich denke auch von mir behaupten zu können, dass ich nicht überdurchschnittlich empfindlich bin. Glücklicherweise. Anderen Menschen aber könnten solche Aussagen, vielleicht nicht nur im sprichwörtlichen Sinne, das Genick brechen. Auch an dem Abend war Tanja nicht für mich in die Bresche gesprungen, um mir zu helfen. Heute würde sicherlich alles anders laufen.

Ich verwarf den Gedanken an einen Fernsehabend wieder, und machte mich fertig um mit Tanja zusammen auf die Party zu gehen. Während einer ausgiebigen Dusche, rasierte ich mir die Beine, shampoonierte meine Haare zweimal und ließ anschließend eine Haarkur drei Minuten wirken. Später lackierte ich mir sorgfältig meine Fuß und Fingernägel, cremte mich ein und tröpfelte mir zu guter Letzt ein wenig meines Lieblingsparfüms hinter die Ohren. Als ich damit fertig war, schwitzte ich bereits wieder.

Ein ständiges Problem meines Körpers war, dass aneinander reiben meiner Oberschenkel. An guten Tagen waren sie einfach nur etwas wundgescheuert, an Schlechten schmerzten sie so sehr, dass ich lief wie John Wayne, der drei Tage durch die Wüste geritten ist.

Fliegen und andere Katastrophen

Bei Wüste muss ich sofort an meinen letzten Urlaub denken. Ägypten, Flugreise, toll war es.
Fliegen, eigentlich ein wunderschönes Thema. Für uns Dicke nicht so. Mir persönlich hat es immer gegraut vorm Fliegen. Die weiten Wege im Flughafengebäude waren die eine Sache, schlimm wurde es aber erst, wenn man in der Schlange am Check in Schalter stand. Und noch ätzender war es im Flugzeug selbst. Wenn ich mit anderen Wartenden am Check in Schalter stand, fühlte ich mich immer wie an den Pranger gestellt. Mustern und gemustert werden war hier die Devise.

Lustig fand ich die Leute vor und direkt hinter mir in der Schlange. Denen konnte man regelrecht die Panik ansehen, dass sie Angst davor hatten, neben mir sitzen zu müssen. Das könnte eng werden. Nicht mehr lustig fand ich einen kleinen Knirps, der mit seinen Eltern vor mir in der Reihe stand und seine Mutter fragte:
„Mama, wenn die Fette hinter uns mit fliegt, schaffen wir es dann überhaupt in die Luft?" Die Antwort der Mutter hab ich nicht abgewartet, sondern bin heulend aufs Klo verschwunden.

Toiletten sind übrigens ein gutes Thema. Ich kann euch nur den guten Rat geben, benutzt vor dem Abflug die Toiletten im Flughafengebäude und wartet nicht, bis ihr im Flieger seid. Die Größe der Toilettenkabinen im Flugzeug, wird scheinbar nach den Maßen der Stewardessen gefertigt. Überzogen könnte man sagen, alles über 100 Kilo, läuft Gefahr stecken zu bleiben. Sollte es trotzdem nötig werden die Kabine aufzusuchen, denkt daran, erst das Toilettenpapier abzurollen und euch dann erst hinzusetzen. Ihr werdet später keine Gelegenheit mehr haben, in sitzender Position an das Papier zu gelangen.

Im Flugzeug selbst kann ich Sitze direkt am Gang empfehlen. Die haben zum einen wenn man Glück hat, die Möglichkeit, die Armlehnen hoch zu klappen, zum anderen kann man seine Beine ein Stück weit in den Gang strecken. Auch sollte man die Möglichkeit nutzen, sich beim Bordpersonal Gurtverlängerungen zu besorgen. Die sind kostenlos und man sitzt nicht stundenlang abgeschnürt. Geniert euch nicht, die Leute glotzen sowieso, doch mit Verlängerung könnt ihr die Blicke viel entspannter genießen.

Wenn man endlich sitzt, angeschnallt ist und glaubt nun wäre alles paletti, schiebt sich ein Wagen mit Getränken durch den Gang. Die Getränke sollten, wenn möglich, auf einem Tischchen abgestellt werden, dass sich in der Rückenlehne des Vordermanns befindet. Die ersten Male als ich geflogen bin, habe ich auch immer noch freudig ausprobiert das Tischchen herunter zu klappen. Passte nie. Sobald das Tischchen unten war, musste ich mich zwischen atmen und Becher abstellen entscheiden.

Partytime

Tanjas neues Oberteil sah übrigens wirklich toll aus. Kein Wunder, dass ihr im Gegensatz dazu meine Klamotten wie Zeltplanen vorkommen mussten. Ich nahm mir vor den Abend zu genießen und nicht mehr an ihren blöden Spruch zu denken. Doch ganz gelang es mir nicht. Ich fragte mich was die anderen Leute in mir sahen. Ein Großteil der Gäste war wirklich top gestylt, junge Frauen in heißen Outfits und Typen in angesagtesten Label Kreationen. Etwas fiel ich also schon aus der Reihe.

Tanja war wie immer in Party Laune. Sie kicherte und lachte, plauderte und flirtete. Es fiel ihr nie schwer einen Gesprächspartner zu finden, oder jemanden, mit dem sie sich nett den Abend vertreiben konnte. Männlich natürlich. Männernotstand herrschte bei ihr nie. Ganz im Gegenteil, manchmal hatte sie sogar zwei oder drei Verehrer gleichzeitig.

Mir war warm und ich schwitzte. Irgendwann würde ich, aller Glotzer zum Trotz, einfach mit einem ärmellosen Top auf einer Party auftauchen. Würde freudig meine Winkeärmchen durch die Luft wedeln und einfach nur Spaß haben. Who the Fuck sind dünne Weiber? Ich würde einfach mal nicht verschämt irgendwo am Partyrand stehen, regelmäßig mit Daumen und Zeigefinger meine Bluse unter den Achseln gerade rücken, damit man meine Schwitzflecken nicht sieht. Ich hätte einfach mal gar keine!

Innerlich grinste ich. In Gedanken stellte ich mir vor wie es wäre, das wirklich durchzuziehen. Auf einer Party zu sein in einem herrlich luftigen Oberteil, weit ausgeschnitten unter den Armen. Sollte ich dann spüren, dass ich doch zu schwitzen begann, würde ich meine Arme heben die Finger lässig hinter den Nacken verschränken und einfach warten, bis ich getrocknet bin. Machen Dünne doch auch nicht anders. Oder warum glaubt ihr, stehen die Damen lasziv an einer Wand gelehnt und beobachten das Treiben um sich herum? Weil sie Langeweile haben? Oder weil sich die Wand an den Fingerknöcheln so toll anfühlt? Die triefen unter den Achseln! Bei denen findet das nur einfach kein Mensch eklig!

Ich begann mich in Rage zu denken. Es ist ja nicht so, als würde ich stinken wie ein Iltis, wenn ich schwitzte. Naja gut, vielleicht ein bisschen. Manchmal, aber lange nicht immer. Darum geht's jetzt hier aber auch gar nicht. Es geht um die bodenlose Unverschämtheit alleine in der Fantasie der Menschen. Was könnte wohl passieren? Du hast noch gar nicht begonnen zu stinken, da wird es dir schon mit Blicken unterstellt. Sie glotzen dich an wie ein seltenes Zootier, nur dass sie dir keine Bananen oder Leckerchen zuwerfen wollen, sondern Deoroller, Seife, oder ein Diätkochbuch.

Übrigens, liebe dünne Leserinnen: Wir finden es überhaupt nicht witzig, amüsant oder fantasievoll, uns Diät Kochbücher zum Geburtstag oder zu Weihnachten zu schenken. Gar nicht lustig! Low Carb Bücher, Wälzer über Fitnessdrinks, Zumba CDs oder anderweitig nett verpackte

Gemeinheiten, könnt ihr einfach stecken lassen! Wir wissen, dass wir fett sind. Wir haben Spiegel! Das sind diese gläsernen, oft abgehangenen Teile in Bad und Schlafzimmer.

Schwitzen

Vielleicht ist es an dieser Stelle an der Zeit, ein paar Schwitzirrtümer aufzudecken:

Schweiß stinkt nicht immer. Frischer Schweiß ist nahezu geruchslos. Übel riechend wird es erst, wenn Hautbakterien ins Spiel kommen.

Achselhaare fördern keine Schweißbildung.
Ob mit oder ohne Haare, man schwitzt immer gleich stark.
Dicke Menschen schwitzen nicht so stark und schnell, weil sie zu viel Fett haben. Der Muskelanteil unseres Körpers ist verantwortlich für die Schweißproduktion. Je mehr Muskeln, desto mehr Schweiß.

Ich will nach Hause

Es war so heiß auf der Party. Ich brauchte dringend etwas zu trinken. Eine schöne kalte Cola wäre jetzt absolut perfekt. Sinnvoller war es allerdings, ein Lightgetränk zu bestellen. Das schützte mich vor anzüglichen Blicken. Sich als Fette eine Cola zu bestellen, glich fast einer Todsünde. Am liebsten wurde es von meiner Umwelt gesehen, wenn ich mich an Wasser hielte. Wasser, hatte leider nur den Nachteil dass es nach gar nichts schmecke. Auch mit viel Fantasie nicht. Da konntest du dir reindenken, was du wolltest, nix.

Ich quetschte mich zwischen tanzenden Paaren hindurch, ließ mich von Betrunkenen anrempeln und stand endlich keuchend vor der Bar. Mein Körper schrie nach Cola, doch ich blieb hart und bestellte Wasser. Das Glas war so herrlich kalt in meinen heißen Händen. Ich drehte mich mit dem Rücken zur Bar, beobachtete das Treiben um mich herum und entdeckte Tanja, die ausgelassen auf der Tanzfläche herumsprang. Wenn ich das täte, würde wahrscheinlich nach ein paar Minuten eine Erdbebenkatastrophe ausgerufen werden. Das Risiko wollte ich lieber nicht eingehen, so begnügte ich mich damit, sachte mit dem Fuß zum Takt der Musik zu wippen.

Plötzlich tippte mir jemand von hinten auf die Schulter. Erstaunt drehte ich mich um und sah in das grinsende Gesicht des Barkeepers.

„Tanzt du gar nicht?"

Ich war völlig von den Socken und blickte kurz nach rechts und links um mich zu vergewissern, dass er wirklich mich angesprochen hatte. Tatsächlich schien es so zu sein. Nervös stellte ich mein Glas auf der Theke ab.

„Nein, ich tanze nicht."
„Warum nicht?"
Ähm, was sollte ich denn dazu sagen? Das lag doch auf der Hand oder?
„Das liegt doch auf der Hand, oder?"
„Nein, nicht wirklich. Klär mich auf!"
Fragend sah ich ihn an. Wollte er mich auf den Arm nehmen?

Verärgert bahnte ich mir meinen Weg zurück durch die tanzende Menge und stellte mit Erschrecken fest, dass ich mein Glas von der Theke nicht wieder mit zurückgenommen hatte. Noch einmal wollte ich da nicht hin. Ich versuchte zwischen den Tanzenden Tanja auszumachen, um ihr per Zeichensprache mitzuteilen, dass ich gehen würde. Doch an der Stelle, wo sie noch vor ein paar Minuten gezappelt hatte, war sie nicht mehr zu entdecken. Mist, ohne ihr Bescheid zu sagen wollte ich auch nicht abhauen. Obwohl, eigentlich … Immerhin hatte sie sich den ganzen Abend auch nicht bei mir blicken lassen.

Ich will doch nicht nach Hause

Während ich dastand und mir überlegte was ich tun würde, tippt mir auf einmal jemand mit dem Finger auf die Schulter. Ich drehte mich um und sah mich dem Barkeeper gegenüber.
„Hast du mir mein Wasser gebracht?", fragte ich verdutzt.
„Dein Wasser, nein wieso?"
„Das hab ich auf der Theke stehen gelassen, aber ist auch egal. Was möchtest du denn?"
„Du bist gerade so schnell abgehauen, ich konnte dich gar nicht mehr fragen, was du jetzt damit meintest, dass es auf der Hand liegt, dass du nicht tanzt. Also, was meintest du damit?"
„Musst du nicht arbeiten?", wollte ich verlegen wissen.
„Nein, ich habe Feierabend."

Seltsam. Da kam der hübsche Typ extra zu mir um mich zu fragen was ich gemeint habe. So etwas war mir noch nicht passiert. Zumal ich überhaupt nicht wusste was ich ihm jetzt antworten sollte. Sah er nicht wie fett ich war? Warum gab der sich mit mir ab?

Ich beobachtete ihn von der Seite, aber ich konnte keine Arglist in seiner Mine entdecken. Aufgeweckt und neugierig sah er mich an. So, als würde ihn meine Antwort wirklich interessieren. Ich entschloss mich, ihm einfach die Fakten um die Ohren zu knallen. Wiedersehen würde ich ihn eh nie.

„Ich tanze nicht, weil ich zu fett bin. Und das meinte ich auch damit, dass es auf der Hand liegt. Du hast doch Augen im Kopf. Du siehst doch, dass mich etwas von den tanzenden Paaren hier unterscheidet."

Erstaunt starrte er mich an. Sein Blick glitt an meiner Figur herunter, so als hätte er bisher meine Körperfülle gar nicht wahrgenommen.

„Bist doch nicht fett, wie kommst du denn auf so eine Idee?"

„Ich habe Spiegel und zwischen mir und den Gazellen auf der Tanzfläche, liegen locker 30 Kilo. Und das auch nur, wenn ich zu meinen Gunsten rechne. Also was bitte willst du mir jetzt erzählen? Ich kann wirklich nicht noch jemanden gebrauchen, der versucht mich zu verarschen. Los, zisch ab, kein Bedarf."

Wütend drehte ich mich um und wollte verschwinden, da spürte ich, wie mich von hinten eine Hand am Oberarm fasste und zu sich herum zog.

„Jetzt pass mal bitte auf, noch einmal, ich verarsche dich nicht. Gut, natürlich hast du ein bisschen mehr auf den Rippen als die anderen Frauen hier, aber ich messe doch nicht meinen Sympathiegrad an irgendwelchen Kilos. Also oberflächlicher geht's ja wohl nicht mehr. Mir ist als erstes dein hübsches Gesicht und eine nette Stimme aufgefallen. Und ich wusste wirklich nicht, was du damit meintest als du sagtest, es liege auf der Hand, dass du nicht tanzt. Außerdem, siehst du hier irgendwo ein Schild das besagt, dass man über einer bestimmten Kilozahl nicht mehr tanzen darf?

Also was soll der Blödsinn? Ich finde dich nett und es interessiert mich nicht ob du dünn oder dick oder klein oder groß bist. Das einzige was mich an einem Menschen interessiert, ist, ob er ein Arschloch ist oder nicht."

Während er sprach, wirkte er total ernst. Er hielt die ganze Zeit Blickkontakt und sein Tonfall war eindringlich. Sollte es tatsächlich noch jemanden geben, der sich von meinem Äußeren nicht abschrecken ließ und für den wirklich nur die inneren Werte zählten?

Verschämt lächelte ich ihn an.

„Also was ist jetzt junger Mann, möchtest du jetzt tanzen oder möchtest du mich weiter beschimpfen?"

Wir tanzten und wir redeten den ganzen Abend. Ans frühe nach Hause gehen, verschwendete ich keinen Gedanken mehr. Natürlich schwitzte ich auf der Tanzfläche, doch das tat er auch. Und es schien ihn auch in keinster Weise zu stören, oder ihm gar unangenehm zu sein. Es gehörte einfach dazu.

Irgendwann kam Tanja dann auf mich zu und wollte nach Hause. Dass ich das noch mal erleben durfte, sie quengelte, ihr täten die Füße weh. Mir seltsamerweise nicht.

Fakten über Männer

Viele Männer stört es nicht, sagen sie zumindest, eine etwas fülligere Frau an ihrer Seite zu haben. Doch ist das wirklich so? Steckt nicht in jedem Mann immer noch ein Jäger und Sammler? Und sind nicht Jäger und Sammler immer auf der Suche nach den schönsten Stücken?

Umfragen zufolge achtet fast die Hälfte der Männer bei den Frauen auf das Gewicht, wenn es um eine potenzielle Partnerin geht. Rund 20 % aller Männer würden keine Beziehung mit einer übergewichtigen Frau eingehen. Einige Männer gaben sogar an, dass sie eine Beziehung beenden würden, sobald ihre Partnerin Kleidungsgröße 44 überschreitet.

Eine britische Studie besagt allerdings, dass Männer die unter Stress stehen, dicke Frauen bevorzugen. Stress wird vom Gehirn wie eine Gefahrensituation behandelt, sodass Männer dann lieber auf erfahrene, reife und gut gebaute Frauen zurückgreifen. Faktisch gesehen hieße das für mich, ich müsste meinen Zukünftigen einfach nur genug stressen, damit er mich auf Dauer toll finden würde. Das sollte eigentlich hinzukriegen sein.

Der Tag danach

Am Morgen nach der Party, besuchte mich Tanja um mit mir zu frühstücken. Ich stand früh auf, duschte, zog mir sportliche Klamotten an und lief gut gelaunt zum Bäcker, um Brötchen zu holen. Schwungvoll riss ich die Tür auf und bestellte meine vier Brötchen.

„Normale?", fragte mich die junge Auszubildende hinter der Theke.
Grinsend sah ich sie an. „Nein, ich hätte gerne ein durchgeknalltes, ein irres und zwei mit einem roten Hütchen auf dem Kopf."

Kopfschüttelnd packte sie meine vier normalen Brötchen in eine Papiertüte und nuschelte: „Die wollen sie aber nicht alle alleine essen oder?"

Da war er wieder, der allmorgendliche Dämpfer.
Ein typischer Tag, mit einer typischen Beleidigung, an der ich mich sonst stundenlang hochgezogen hätte. Doch der vorhergegangene Abend klang noch in mir nach, das Tanzen, das Lachen, alles war so herrlich normal.

Auf dem Rückweg summte ich freudig vor mich hin und konnte beim Abbiegen in meine Straße schon Tanja ausmachen, die ungeduldig vor meiner Tür wartete.
Sehr lange schien sie noch nicht wach zu sein, ich konnte noch Abdrücke ihres Kopfkissens in ihrem grimmigen Gesicht ausmachen. Schlechte Laune schien sie zu haben. Freudig umarmte ich sie,

flötete ihr ein: „Guten Morgen", ins Ohr und schloss die Haustür auf.

„Meine Güte, was ist mit dir denn los? Wie kann man nur am frühen Morgen schon so gute Laune haben?"
„Kann man, meine Liebe!"
„Meine Füße tun so weh von gestern Abend das unglaublich."
„Meine nicht."
„Bei deinem Gewicht? So lange wie du gestanden hast, grenzt das ja fast an ein Wunder."
„Na vielen Dank auch."
Als ich in die Küche ging um Kaffee aufzusetzen, konnte ich förmlich Tanjas fragende Blicke meinem Rücken spüren. Und kaum dass ich saß, fragte sie auch schon:
„Sag mal, was war das eigentlich Gestern für ein Typ, mit dem du dich die ganze Zeit unterhalten hast?"
„Das war der Barkeeper, der war ganz nett wir haben uns gut verstanden."
Nachdenklich nippte Tanja an ihrem Kaffee.
„Hat der nach mir gefragt?"
„Nein, warum sollte er? Kennst du ihn denn?"
Fragend sah ich Tanja an.
„Ne, eigentlich nicht. Mir ist nur aufgefallen, dass er mich abgecheckt hat, als wir reingekommen sind. Deshalb dachte ich, dass er vielleicht nach mir gefragt hätte und sich deshalb mit dir unterhalten hat. Ich meine, so rein optisch habt ihr beide ja schon ein seltsames Bild abgegeben."
„So, haben wir das also?"
„Muss man ja schon mal so sagen dürfen. So ein schlankes Kerlchen, wenn du vor ihm gestanden

hast, hat man ihn gar nicht mehr gesehen. Du hast ein bisschen zugelegt in letzter Zeit, oder?"

Ich antwortete nicht und nahm einen großen Schluck aus meiner Kaffeetasse, verbrühte mir bald den Mund, biss schnell von meinem Brötchen ab, um den Schmerz zu betäuben. Nicht nur den Schmerz des heißen Kaffees, sondern auch den, der sich gerade in meinem Inneren breitmachte.

Hatte er sich wirklich nur mit mir unterhalten und mit mir getanzt um etwas über Tanja zu erfahren? Das konnte ich mir nicht vorstellen, sie war den ganzen Abend über überhaupt gar kein Thema gewesen. Nicht mit einem Wort hatte er sie erwähnt, oder nach ihr gefragt. Auch war mir nicht aufgefallen, dass er sie in der Menge gesucht hätte. Also wie kam sie darauf? War das wieder nur mal eine ihrer Spitzen, um mir zu zeigen, dass es eigentlich immer nur um sie ging?

„Du wirst es nicht glauben, Tanja, aber er hat sich tatsächlich nur wegen mir mit mir unterhalten."
„Ach, das glaubst du doch wohl selbst nicht. Der hat wahrscheinlich nur eine Wette laufen, und musste sich mit dir unterhalten. Der ganze Raum war voller hübscher Frauen, jetzt sag mal bitte ehrlich, warum sollte er sich dann mit dir abgeben?"

Sprachlos starte ich sie an. Ich konnte nicht glauben, was sie gerade zu mir gesagt hat. Sie schien wirklich der absoluten Überzeugung zu sein, dass sich kein Mensch freiwillig mit mir unterhalten würde. Plötzlich kam sie mir vor wie eine Fremde. So, als hätte ich sie noch nie gesehen, als wären wir nicht schon zusammen in die Grundschule gegangen.

„Doch, das hat er. Und er hat sich sogar gerne mit mir unterhalten. Sogar getanzt haben wir, und wir hatten Spaß, du wirst es nicht glauben. Und das ganz ohne dich."

Langsam war ich angepisst. Ein bisschen Überheblichkeit war ja nicht schlimm, aber das ging mir jetzt wirklich zu weit. Ich verstand sie nicht mehr. Sie war doch meine Freundin. Ich an ihrer Stelle hätte mich für sie gefreut, dass sie einen schönen Abend hatte. Warum konnte sie das nicht? Warum gönnte sie mir das nicht, auch einmal ein paar zufriedene Stunden zu verbringen?

Während ich nachdachte und zutiefst verletzt war, verschlang Tanja gierig ihr Brötchen und schien gar nicht zu bemerken, was mit mir los war. Ich spürte wie sich gerade in mir etwas änderte. Meine Gefühle wandelten sich, aber nicht zu ihren Gunsten.
„Hast du noch einen Kaffee da?", unterbrach sie meine Gedanken.
„Der Kaffee steht in der Küche, wenn du einen willst, weißt du, wo die Maschine ist."
„Was ist denn mit dir los, ich musste mich hier noch nie mein Kaffee selbst holen."
„Na dann wird es mal langsam Zeit!"

Tanja starrte mich an. Bisher war ich wirklich immer gesprungen wenn sie bei mir zu Gast war, um ihr Kaffee zu holen. Doch jetzt war ich einfach schlicht und ergreifend zu sauer um loszumarschieren. Ich blieb sitzen, lehnte mich zurück und sah sie an.

„Gehst du jetzt wirklich nicht oder was?"
„Nein, ich gehe nicht. Du wirst es schaffen, so weit ist die Küche nicht entfernt. Und es wird dir kein Zacken aus der Krone brechen, wenn du dir einmal selbst den Kaffee holst."

Tanja bedachte mich mit einem bösen Blick, stand dann aber auf um sich einen Kaffee zu holen. Als sie mit ihrer Tasse zurück ins Esszimmer kam, hielt sie einen Bierdeckel in der Hand. Den hatte ich am Vorabend in die Küche gelegt, neben meinen Schlüssel und meinem Handy. Auf diesem Bierdeckel stand die Telefonnummer des Barkeepers. Mist, daran hatte ich gar nicht mehr gedacht. Jetzt hatte ich Tanja wieder neuen Zündstoff geliefert. Und sie sprudelte auch direkt los.

„Na, was haben wir denn da? Eine Handynummer auf einem Bierdeckel? Das wird doch wohl nicht die Nummer von dem süßen Typen von gestern Abend gewesen sein?"
„Und wenn, was wäre dann?"
„Du wirst doch wohl nicht so blöd sein und den anrufen, oder?"
„Was heißt denn hier so blöd? Warum sollte ich ihn nicht anrufen? Wir wollten uns noch einmal treffen und dazu werde ich dich nicht um Erlaubnis bitten."

„Du weißt schon, dass er nur mit dir ins Bett will, oder?"

„Ach, da weißt du mehr als ich!"

„Was bitte soll er denn wohl sonst von dir wollen? Der will eine schnelle Nummer, mehr nicht."

„Woher willst du denn wissen, was er will? Vielleicht mag er mich ja wirklich, auch wenn du dir das scheinbar überhaupt nicht vorstellen kannst!"

Ich war stinksauer. Am liebsten wäre ich ihr an die Gurgel gegangen. So ein arrogantes Miststück.

„Sag mal Tanja, wenn du doch so eine schlechte Meinung von mir hast, warum bist du dann eigentlich mit mir befreundet?"

„Wer sagt denn, dass ich eine schlechte Meinung von dir habe?"

„Das steht bei deinen Äußerungen ja wohl außer Frage."

„Nur weil ich Situation realistisch einschätze? Verkraftest du das nicht? Sieh doch mal bitte den Tatsachen ins Auge!"

„Realistisch? Als wenn du noch realistisch denken könntest. Deine Welt dreht sich schon lange nur noch um dich selbst. Darin hat selbst Realismus keinen Platz mehr."

„Na du musst es ja wissen. Du kennst mich ja auch so gut."

„Nein, scheinbar kenne ich dich gar nicht, fällt mir gerade auf. Ich habe gedacht dich zu kennen, habe es geglaubt. Aber scheinbar habe ich mich tatsächlich getäuscht. Und jetzt wo mir einiges klar wird, bin ich mir nicht mehr sicher, ob ich überhaupt noch mit dir befreundet sein möchte."

Aggressiv knallte ich meine Tasse auf den Esszimmertisch. Jetzt hatte sie mich so weit.

„Ich will immer noch wissen, warum du mit mir befreundet bist. Also los sag es!"

„Das weißt du doch ganz genau", druckste Tanja herum.

„Nein, das weiß ich nicht und ich will jetzt gefälligst eine Antwort von dir, und zwar sofort!"

„Ich bin mit dir befreundet, weil du jemanden brauchst, der dein Fahrrad aus irgendwelchen Bächen holt, der dich mit vor die Tür schleppt, weil du keine eigenen Freunde hast und der dich immer wieder aufbaut, wenn du deine depressiven Phasen fährst."

„Ich fahre depressive Phasen? Das glaube ich ja jetzt wohl nicht."

„Wer ist denn ständig eingeschnappt wegen irgendwelchem Kleinkram und heult dann stundenlang rum?"

Mehr war's also nicht von ihrer Seite aus nicht. Die Worte klangen aus ihrem Mund, als wäre ich ein lästiges Übel, dass sie sich irgendwann angeschafft und später nicht mehr losgeworden ist. Ich schluckte.

„Aber um immer schön neben mir zu glänzen, war ich dir gut genug oder?"

„Ja, das war ein Vorteil, das gebe ich zu. Ich musste mich nie großartig anstrengen, um neben dir besser auszusehen."

Als Tanja weg war, dachte ich lange über unser Gespräch nach. Wir hatten uns benutzt, gegenseitig. Sie mich, um neben mir glänzen zu können. Hatte die erste Geige gespielt, war immer und überall der Hingucker. Ich wurde gerne als kleines Döfchen hingestellt, denn ich war ja fett.

Wie wir jetzt wissen, sind fette Menschen dumm und undiszipliniert.

Ich benutzte sie, um etwas von ihrem Glanz abzubekommen. Durch sie lernte ich Menschen kennen, die sich sonst niemals mit mir abgegeben hätten. Und ja, sie hatte Recht. Sie holte mich das eine oder andere Mal aus einem Tief. Allerdings musste ich auch sagen, dass sie diese Tiefs oftmals extra schuf. Manchmal hielt sie mich bewusst klein.

Wir hatten uns etwas vorgemacht, all die Jahre. Und zum ersten Mal fragte ich mich, ob die Optik in einer Freundschaft wirklich wichtig ist. Ob es nicht zwangsläufig, wenn man zu unterschiedlich ist, zu Reibereien, Eifersüchteleien oder sonstigen Streitigkeiten kommen muss. Wenn ein nicht ausgewogenes Verhältnis vorliegt, das beziehe ich jetzt nicht auf die Geistige, sondern rein auf die körperliche Ebene, ist einer immer der Verlierer. Einer wird sich immer schlechter fühlen, als der andere.

Doch in einer langjährigen Freundschaft, im Laufe vieler Jahre, verteilte sich der Schmerz so gleichmäßig, dass man fast gewillt war zu glauben, er wäre gar nicht da. Es begann mit kleinen Spitzen. Fast unmerklich. Hier mal ein Wort, da mal ein Satz. Kleinigkeiten. Doch irgendwann fingen diese Kleinigkeiten an weh zu tun. Aber auch das wollte man erst nicht wahrhaben. Man tröstete sich selbst mit den Worten: Das hat sie bestimmt nicht so gemeint. Es war ein Witz, ein Spaß, nichts weiter. Nichts, wegen dem ich mir Sorgen machen müsste.

Doch in dem Moment, in dem ich mir einredete, ich müsste mir keine Sorgen machen, begann ich schon damit. Und ab diesem, genau diesem Moment, hing das Kind mit dem Kopf im Brunnen. Gefallen ist es noch nicht. Noch nicht. Aber es zappelt.

Sport

Ich hatte tatsächlich etwas zugelegt in der letzten Zeit. Und nachdem ich nach der Entzweiung mit Tanja eine knappe Woche später aufhören konnte zu heulen, war ich auch in der Lage dies von mir selbst zuzugeben. Es musste sich etwas gravierend ändern. Ich wollte nicht mehr in einem Körper gefangen sein, für den ich mich schämen musste, der mein Feind war, doch wo sollte ich ansetzen?

Wenn ich ins Fitnessstudio ginge, täten mir die Geräte jetzt schon leid. In Gedanken sah ich mich schwitzend auf dem Laufband zusammenbrechen. Einen Stepper hatte ich bei einer Bekannten ausprobiert, da schaffte ich konditionsmäßig überhaupt nicht. Doch um an die Geräte in einem Fitnessstudio zu dürfen, war zuvor aufwärmen angesagt. Dies fand meistens auf einem Trimmrad, Stepper oder dem Laufband statt. Und da ich das nicht schaffte, fiel das Fitnessstudio vorerst weg.

Irgendwann las ich bei Facebook einen Aufruf, dass eine Frauengruppe noch Teilnehmerinnen zum Walken suchte. Das klang doch super. Ich durchforstete das Internet nach geeigneten Stöcken, fuhr mit meinem, mittlerweile reparierten Fahrrad, in die Stadt und besorgte mir ein passendes Outfit. Motiviert und stolz auf mich selbst, erschien ich beim ersten Treffen der Gruppe. Wir trafen uns in einem kleinen Waldstück, in dessen Mitte ein wunderschöner See lag.

Die anderen Frauen begrüßten mich herzlich, musterten mich zwar verstohlen, doch das war ich mittlerweile gewohnt. Natürlich hatte keiner dieser Damen meine Gewichtsklasse. Wir liefen los und alles war total super. Ich hätte Bäume ausreißen können. Kleine Bäume. Nach fünf Minuten war ich dermaßen aus der Puste, dass ich an den Gesprächen, die die anderen Frauen während des Laufens führten, nicht mehr teilnehmen konnte. Ich begnügte mich damit, ab und zu ein gequältes ja oder nein heraus zu hecheln. Schon nach kurzer Zeit lag ich weit hinter der Gruppe zurück. Da sich die andern scheinbar schon länger kannten, drehte sich niemand zu mir um. Ich blieb stehen, stemmte meine Hände in die Hüften, beugte meinen Oberkörper nach vorne und rang nach Luft. Die nächste Abzweigung vom See aus zum Parkplatz, auf dem mein Fahrrad stand, war meine. Niemals im Leben hätte ich gedacht, dass Walken so anstrengend wäre.

Zu Hause angekommen warf ich frustriert meine Stöcke in die nächste Ecke und mich auf die Couch. So konnte es nicht weitergehen, es musste doch eine Sportart zu finden sein, die ich schaffen konnte. Vor allem, bei der ich mich so gut fühlte, dass ich länger als fünf Minuten am Ball bliebe. Ich war schlicht und ergreifend zu faul mich wirklich zu quälen.

Faulheit ist ja für sich stehend ein sehr hartes Wort. Es bezeichnet den mangelnden Willen eines Menschen aktiv zu sein. Also so konnte man das ja jetzt auch nicht sagen. Ich wollte ja aktiv sein, nur wenn möglich ohne allzu viele Bewegung. Faulheit an sich hat in der Forschung oder in der Technik einen überdurchschnittlich positiven Charakter. Ohne faule Menschen wäre niemals der

Taschenrechner oder der Computer erfunden worden. Und gerade in der heutigen Zeit gilt Faulheit fast schon wieder als Coolness. Chill mal, ist eine der Lieblingsredewendungen meines Sohnes. Und chillen heißt nichts anderes als: bleib locker, ruh dich aus, tut doch einfach mal nichts. Quasi eine Aufforderung zum faul sein. Finde ich super. Ärgerlich eigentlich, nicht in der heutigen Generation aufgewachsen zu sein. Männer haben es da grundsätzlich einfacher als Frauen. Einem Mann wird ein kleines Bierbäuchlein nicht übel genommen, sondern wirkt sympathisch. Bei einer Frau wirkt ein Bauch undiszipliniert.

Schwimmen

Schwimmen, vielleicht würde Schwimmen helfen. Das soll ja der Fittmacher schlechthin sein. Einziges Problem an dieser Sache: das Wasser in unserem Hallenbad war immer so eiskalt, dass es meistens beim guten Vorsatz blieb. Doch ich sollte das wirklich einfach mal durchziehen. Eventuell würden mir auch ein paar Frostbeulen gut stehen. Es gab ja die verrücktesten Dinge. Ich stapfte zu meinem Kleiderschrank, suchte meinen Badeanzug heraus, legte ein Handtuch bereit und ging in den Keller um meine Sporttasche zu suchen. Irgendwann einmal, hatte ich eine gehabt. Gut, benutzt hatte ich sie nie, doch das würde sich ab morgen früh schlagartig ändern. Mein Kampfesgeist war erwacht. Eigentlich, müsste ich Tanja dankbar sein.
    Als ich am nächsten Morgen erwachte, fand ich meinen Entschluss schwimmen zu gehen, plötzlich

gar nicht mehr so prickelnd. Es regnete, ich hatte schlecht geschlafen und meine Heidelbeermarmelade, die ich immer zum Frühstück aß, schmeckte seltsam. Alles in allem kein guter Start in den Tag. Frustriert starrte ich auf das kleine Häufchen Schwimmutensilien auf meinem Bett. Die Sporttasche sollte auf jeden Fall vor der Benutzung gesäubert werden. Das jahrzehntelange einlagern im Keller, hatte Spuren hinterlassen. Ich setzte mich auf den Bettrand und grübelte. Irgendwie waren diese Tasche und ich doch so etwas wie Seelenverwandte. Verstaubt, unbenutzt, eingekellert.

Ich wusste ganz genau, wenn ich mir jetzt nicht genau in diesem Moment, dieses dreckige Ding schnappen würde, wären alle guten Schwimmvorsätze wieder hinüber. Jetzt oder nie. Staub war ein ganz schön hartnäckiger Gegner. Doch irgendwann konnte ich das Schwarz der Tasche, durch die graue Staubschicht wieder entdecken. Das machte mir Hoffnung für den Tag. Ich sah auf die Uhr. Es war mittlerweile schon fast Mittag, ich musste mich sputen. Oder sollte ich vielleicht doch erst morgen? Nein - heute!

Feuchtwarme Luft, schlug mir schon in der Eingangshalle des Schwimmbades entgegen. Die Schlange an der Kasse war nur kurz, trotzdem hatte ich einige Minuten Zeit, die Menschen vor mir näher zu betrachten. Ein älterer Mann, der mit seinem Enkel schwimmen gehen wollte, stand direkt vor mir. Vor ihm machte ich eine junge Frau aus. Und nun ratet mal, wie die wohl aussah? Genau. Und das am frühen Mittag. Ich zwang meine Gedanken in eine andere Richtung, kramte in meiner Sporttasche nach meinem Portemonnaie und versuchte guter Dinge zu bleiben. Täuschte ich mich, oder besah mich der junge Kassierer mit einem mitleidigen Blick? Ich grinste. Der sollte mal vier Wochen abwarten! Ich würde das durchziehen und dieses Schwimmbad erst dann nicht mehr aufsuchen, wenn ich rank und schlank wäre!

Vielleicht herrschte in der Stadt aber auch ein Wassernotstand, und er machte sich einfach Gedanken darüber, was wohl passieren würde, wenn ich mich mit meinem Gewicht ins Becken würfe. Wasser ist ja nicht so ganz billig. Mein Gott, ich benahm mich wie ein Kleinkind. Wahrscheinlich hatte er einfach nur nett gelächelt und ich interpretierte irgendwelchen Blödsinn in seine Reaktion. Ich ging in die Umkleidekabine, natürlich in eine Einzelne, nicht in die Gemeinschaftskabine und zog mich aus. Innerlich betete ich, dass der Badeanzug noch passte. Unglücklicherweise hatte ich ihn zu Hause nicht mehr anprobiert. Doch ich hatte Glück, er saß wie angegossen. Als ich die Tür der Umkleidekabine öffnete, prallte ich bald mit der jungen Frau aus dem Eingangsbereich zusammen, die aus der Gemeinschaftskabine trat. Verlegen blickte ich sie an. Sie lächelte, bedachte mich dabei mit einem wohlwollenden Blick, der so viel zu sagen schien wie: du machst mir wirklich ein gutes Gefühl!

Natürlich tat ich das. Es gab in meinem Umfeld nicht viele Frauen die moppeliger waren als ich. Und dabei war ich noch nicht mal richtig dick. Nur eben etwas pummelig. Obwohl ein Badeanzug nicht gerade schlank macht. So hatte meine Umzugsaktion zumindest den Vorteil für die junge Frau, dass sie mit einem guten Gefühl in die Fluten springen konnte. Was war ich doch für ein netter Mensch! Ich hatte wirklich gutes Karma angesammelt, alleine in der letzten halben Stunde. Ich war stolz auf mich. Noch stolzer war ich nach den ersten fünf geschwommenen Bahnen. Gut, danach musste ich mich mit meinen Fingernägeln am Beckenrand festkrallen und den Kopf zum Verschnaufen auf meine Hände legen. Dabei bewegte ich mein rechtes Bein im Gleichklang mit der leise erklingenden Musik in meinem Kopf. Böse Zungen würden es Überanstrengsohrenrauschen nennen. Doch für jeden anderen sah es so aus, als würde ich Wassergymnastik betreiben. Dumm war ich ja nicht.

Das Schwimmen tat mir gut, war anstrengend, aber nicht zu anstrengend. Ich nahm etwas ab im Laufe der Zeit, jedoch nicht erwähnenswert. Um wirklich abzuspecken, musste ich meine Ernährung ändern. Und dann war er da der Tag X.

Endlich

Den Ausschlag letztendlich wirklich abzunehmen, bekam ich vor gut 20 Jahren durch eine Frauenzeitschrift, in der die damals noch relativ unbckannte Heidi Klum abgebildet war. Ich saß gerade an der Bar unseres hiesigen Spaßbades, saugte an einem Milchshake Erdbeere und blätterte gelangweilt in einer Zeitschrift. Mein Blick blieb wie gebannt an einer jungen blonden Frau kleben, die gerade ihre Modelkarriere startete und eine traumhafte Figur besaß. Aufmerksam lass ich mir den Artikel ihres Werdegangs durch und war sehr beeindruckt. Irgendwie schmeckt mir plötzlich mein Milchshake nicht mehr.

Diese beiden Dinge direkt nebeneinander zu sehen, also Heidi und den Shake, das passte nicht. Mit schlechtem Gewissen wieder einmal meiner Neigung nach Zucker nachgegeben zu haben, blätterte ich eine Seite weiter. Und dort war sie. Eine Anzeige der Abnehme Gruppe Weight Watchers. Na wenn das kein Zeichen war. Zufrieden mummelte ich mich in mein eigens für diesen Tag gekauftes Riesen Badehandtuch ein. Ich kaufte mir immer übergroße Badehandtücher, in denen konnte ich mich klein und zart fühlen. Dieses Mal, so schwor ich mir, würde ich die Abnehmaktion durchziehen. Noch am Abend desselben Tages meldete ich mich bei uns im Ort in besagter Weight Watchers Gruppe an. Und siehe da, es geschah ein Wunder: Ich blieb dran!

Zugegebenermaßen muss ich sagen, dass es weniger an den Abnehme Tipps und den Rezepten an sich lag, sondern vielmehr an dem Gruppenzwang und dem wöchentlichen Wiegen vor versammelter Mannschaft. Zusammengefasst könnte man sagen liefen die Treffen der Gruppe folgendermaßen ab: die Gruppenleiterin des oben genannten Clans hielt einen knapp einstündigen Vortrag über gesunde Lebensmittel, schonendes und fettfreies Kochen, Nährwerte und Vitamine. Später erfolgte eine kleine Fragerunde à la: Wer hat welche Probleme gehabt und warum. Der krönende Abschluss war dann das Wiegen, um den jeweiligen Vor oder Rückschritt festzuhalten. Selbst heute kann ich mich noch gut daran erinnern, wie feucht meine Hände jedes Mal beim Gang zur Waage waren. Natürlich hatte ich mich zu Hause hundertmal vorher selbst gewogen, trotzdem ließ meine Spannung erst nach, wenn ich auf der Gemeinschaftswaage ein sicheres Zeichen meines Abnehmens erkennen konnte. Und bis auf einige wenige Ausnahmen war meine Wiegerei wirklich von Erfolg gekrönt. Doch selbst in dieser Gruppe waren sogenannte Biester vertreten. Frauen untereinander sind viel brutaler als Männer.

Sie bringen ihre Gemeinheiten zwar nicht so offenkundig an, agieren aber hinterhältiger und fieser. So zischte mir zum Beispiel einmal eine Weight Watchers Kollegin, die selbst lange nichts mehr abgenommen hatte, nach dem Wiegen zu: „Zu schnelles Abnehmen, soll ja auch nicht so gesund sein. Übertreibs mal lieber nicht!" Einige andere begnügten sich damit mir neidische und gehässige Blicke zuzuwerfen und hinter meinem Rücken zu tuscheln. Schon damals verfügte ich über ein sehr gesundes Ego das mir sagte: „Was stört es eine alte Eiche, ob sich ein Schwein an ihr reibt", doch angenehm war es trotzdem nicht.

Insgesamt habe ich während dieser Zeit knapp 20 kg abgespeckt. Niemals zuvor war mir in meinem Leben so oft gesagt worden, wie schlecht ich doch aussähe. Seltsamerweise kamen solche Sprüche nur von Frauen, die meine Abnehmorgie nicht mit durchgezogen hatten.

Jedoch veränderte sich auch das Verhalten meiner dünnen Freundinnen mir gegenüber schlagartig. Ich war tatsächlich vom netten Anhängsel zur Konkurrenz mutiert und das passte einigen Damen gar nicht. Es wurde Zeit mir einen neuen Freundeskreis aufzubauen. Den netten Barkeeper sah ich übrigens nie wieder.

Déjà-vu

Eines Tages, ich stand gerade in einer Boutique und suchte mir eine schöne Bluse in Größe 40 aus, sah ich mich Tanja gegenüber. Es war viel, viel Zeit vergangen, seitdem ich sie das letzte Mal gesehen hatte. Ich glaube, im ersten Moment erkannte sie mich gar nicht. Ich war schlank, meine Haare waren gewachsen und legten sich in leichten Locken auf meine Schultern. Ein paar Sekunden lang blickte sie mir direkt in die Augen und ich hielt ihrem Blick stand. Niemand von uns sprach ein Wort, niemand verzog eine Mine.

Tanja war nicht alleine. Ein paar Meter hinter ihr schlenderte eine junge Frau, deren Konfektionsgröße es in diesem Laden nicht gab. Für eine Sekunde schloss ich die Augen und spürte, wie sich Wehmut in mir breitmachte. Ich konnte mir sehr gut vorstellen, was sich in ihrer kleinen Tüte befand, wenn sie Stunden später, den Laden verließ. Ihr auch, oder?

Als ich an ihr vorbei ging, blieb ich kurz stehen, legte meine Hand auf ihren Oberarm und drückte ihn leicht. Im ersten Moment, so schien es mir, wollte sie eine abwehrende Bewegung machen, doch dann hielt sie inne und sah mich an. Ebenfalls hielt ich ihrem Blick stand.

Ich lächelte und sie lächelte zurück. Wieder sprach niemand ein Wort. Das mussten wir jedoch auch nicht. Wir blickten uns an, und wussten einfach.

Mein Dank gilt allen Menschen, die mich unterstützt haben, um dieses Buchprojekt zu verwirklichen.

Danke an F. Drechsel für die Korrektur und S. Keiderling für die regelmäßigen Tritte in den Allerwertesten.